Hippias Majeur

ou

Sur le beau

HIPPIAS MAJEUR

OU

SUR LE BEAU

PLATON

Adaptation de la traduction
d'Émile Chambry (1864-1938).
Présentation et notes
Roland Farès

LES ÉDITIONS
CEC
Une compagnie de Quebecor Media

8101, boul. Métropolitain Est, Anjou (Québec) Canada H1J 1J9
Téléphone : 514-351-6010 • Télécopieur : 514-351-3534

Direction de l'édition
Philippe Launaz

Direction de la production
Danielle Latendresse

Direction de la coordination éditoriale
Rodolphe Courcy

Charge de projet
Productions Faire Savoir

Conception et réalisation graphique
Interscript

Sources iconographiques supplémentaires
Page couverture, *La naissance de Vénus*
par Sandro Botticelli (v.1485)
Pour tous les documents mis à disposition
aux conditions de la licence *Creative Commons*
(version 3.0 et précédentes),
les adresses sont les suivantes :
CC-BY (*Paternité*) : <creativecommons.org/
licenses/by/3.0/deed.fr_CA>
CC-BY-SA (*Paternité - Partage des conditions
initiales à l'identique*) :
<creativecommons.org/licenses/by-sa/3.0/
deed.fr_CA>

Les Éditions CEC inc. remercient le gouvernement du Québec de l'aide financière accordée à l'édition de cet ouvrage par l'entremise du Programme de crédit d'impôt pour l'édition de livres, administré par la SODEC.

Hippias Majeur

Dépôt légal : 2008
Bibliothèque et Archives nationales du Québec
Bibliothèque et Archives Canada

ISBN 978-2-7617-2618-4

Imprimé au Canada
1 2 3 4 5   12 11 10 09 08

Imprimé sur papier contenant 100% de fibres
recyclées postconsommation.

Titres déjà parus dans la collection
PHILOSOPHIES VIVANTES

Consultez la liste à jour des titres de la collection sur notre site Internet à l'adresse
www.editionscec.com

REMERCIEMENTS

Je remercie tendrement ma conjointe Edwige pour son aide, ses commentaires et son soutien inlassable tout au long de la rédaction.

Je remercie chaleureusement mes collègues et amis Denise Dionne, Nicole Jetté, Michèle Morosoli et Bernard Proulx, qui ont eu la générosité de commenter avec minutie le tapuscrit de cet ouvrage.

Je remercie ardemment mon collègue et ami Yves Vaillancourt pour ses commentaires éclairants et pour avoir accepté généreusement de préfacer ce livre.

Je remercie Philippe Launaz qui n'a pas ménagé son soutien et ses encouragements pour réaliser cet ouvrage.

Finalement, je dédie ce livre à mes étudiants avec qui j'ai eu un grand plaisir à travailler Socrate, Platon et *Hippias Majeur*.

Roland Farès

Mon art d'accoucheur comprend donc toutes les fonctions que remplissent les sages-femmes ; mais il diffère du leur en ce qu'il délivre des hommes et non des femmes et qu'il surveille leurs âmes en travail et non leurs corps.

Socrate

Il est plus Beau d'éclairer que de briller seulement ; de même est-il plus Beau de transmettre aux autres ce qu'on a contemplé que de contempler seulement.

Thomas d'Aquin

La présomption ? Une maladie sacrée. La vue ? Une tromperie.

Héraclite d'Éphèse

TABLE DES MATIÈRES

PRÉFACE

C'est un réel plaisir pour moi de signer la préface de cet ouvrage qui propose de nouvelles couleurs au matériel didactique déjà existant sur Platon. À mon sens, les dialogues socratiques n'ont pas pris de rides. Le secret de Platon ne réside pourtant pas dans un lifting dont nous saurions le gratifier à intervalles. Non, c'est une qualité inhérente et remarquable de Platon, due à la profondeur d'une philosophie ayant ses racines dans cette culture grecque qui fut si féconde, ainsi qu'à un génie d'écrivain sans égal dans notre tradition philosophique, que d'offrir aux hommes de toute époque un cadre conceptuel leur permettant de poser leurs problèmes, et cela dans le choc de l'étonnement dont parle le Socrate du *Théétète*. Voilà sans doute ce que voulait dire Alfred A. Whitehead quand il écrivait que « toute la philosophie occidentale peut se comprendre comme un commentaire de l'œuvre de Platon ».

La présentation du *Hippias Majeur* de Roland Farès me semble avoir trois grandes qualités. D'abord, elle tisse des liens pertinents entre l'interrogation sur le Beau qui est le sujet de ce dialogue et la théorie des Idées platoniciennes. Comme l'illustre l'allégorie du *Phèdre*, l'attelage ailé qu'est l'âme rencontre sur sa route ascendante d'abord et avant tout la beauté du monde sensible. C'est la beauté du corps qui amène un des chevaux de l'attelage ailé à se cabrer. Cet animal impétueux, qui assurément nous ressemble — enfin, je parle pour moi, à tout le moins —, s'emporte alors et menace de tout renverser. La suite de cette aventure est l'affaire du *Phèdre*. Mais ce qu'il importe d'établir ici, pour notre étude du *Hippias*, c'est que Platon concevait l'interrogation sur le Beau comme la propédeutique de la réflexion sur cette éminente vertu qu'est le Bien. En ce sens, le *Hippias Majeur*, bien qu'essentiellement un dialogue aporétique, reste bel et bien une initiation privilégiée aux grandes conceptions philosophiques de Platon, ce que Roland Farès établit avec doigté.

Le deuxième mérite de cet ouvrage est de proposer à la communauté étudiante un pont par-delà le relativisme des valeurs. Les différentes conceptions sur le Beau s'entrechoquent et nous restons avec l'impression d'habiter le bazar aux idées dont parle Platon au livre VII de *La République*. Comme l'explique Jean-François Mattéi, la tradition occidentale se comprend « comme un mouvement qui l'emporte irrésistiblement au-delà d'elle »[1]. Ce mouvement est ce que propose Socrate à Hippias, que l'œil de l'âme se substitue à celui du corps.

---

1. Jean-François Mattéi (2007). *Le regard vide. Essai sur l'épuisement de la culture européenne*. Paris, Flammarion, p. 45.

Que nous puissions toujours croire à la possibilité de ce *regard transcendantal* est pour Mattéi un enjeu fondamental de notre époque, confrontée qu'elle est à l'épuisement de ses schèmes culturels et à l'atomisation des individus. Avec un langage sobre qui convient au professeur d'expérience qu'il est, l'auteur invite nos étudiants à cet élan de la pensée qui décolle de l'immédiateté de l'impression. Jusqu'à quelle hauteur pouvons-nous nous élever? Gardons-nous d'être de ceux qui retiennent, tout simplement. Ici, Roland Farès se montre un pédagogue ferme et confiant dans la valeur *pour nous* de ce que propose Platon.

En troisième lieu, comment ne pas souligner la remarquable actualisation de l'interrogation sur le Beau? Ces résonances actuelles sont le véritable point focal de ce travail sur le *Hippias Majeur*. À l'aide de références, dont on peut dire qu'elles sont à la fine pointe de la réflexion sur l'état de la question, nous voilà confrontés à la représentation actuelle du corps et aux nouvelles technologies visant à le transformer. Comme l'a montré la philosophe Michela Marzano, le corps est actuellement la cible d'une entreprise qui ne vise plus aucune sublimation, mais au contraire la désinhibition des pulsions, érotiques autant qu'agressives. D'autres tendances de notre monde virtuel vont dans le sens d'une dématérialisation du corps, mais sans ce regard vers un au-delà de celui-ci. L'auteur fait un tour d'horizon de ces questions, sans toutefois forcer l'interprétation. Il a compris qu'il serait inapproprié de jouer les vierges offensées avec notre temps.

Terminons en soulignant l'excellence des exercices à l'intention des étudiants. Là où d'autres manuels se contenteraient de poser des questions successives sur les définitions du Beau et des objections de Socrate, jusqu'à l'épuisement complet de toute la classe et du professeur inclus, Roland Farès suit le texte dans son évolution tout en invitant à des réflexions élargies et des synthèses.

Merci, cher Roland Farès, de nous offrir cette présentation renouvelée du *Hippias Majeur*. En tant que professeur et lecteur admirateur de Platon, j'anticipe déjà l'agrément et l'utilité qu'elle aura pour nos cours et nos étudiants.

Yves Vaillancourt
Avril 2008

AVANT-PROPOS

L'œuvre de Platon est inévitable par ses idées, ses dialogues, et ses personnages qui nous interpellent comme si nous étions encore de son époque. Platon s'impose à nous également parce qu'il met en avant-scène, en vedette pour utiliser une image cinématographique, son maître à penser, Socrate, celui-là même qui a donné sa vie pour l'amour des « vraies » idées et pour l'amour de son peuple. Par l'intermédiaire de Platon, Socrate interroge notre intérieur, notre être et, en faisant appel à des sujets inspirants, aide l'être humain à devenir encore plus humain.

Hippias Majeur est un dialogue entre Socrate et Hippias d'Élis sur le sens du Beau. Comment définir le Beau? Beau et beauté sont-ils identiques? Existe-t-il des canons universels de la beauté? Existe-t-il des beautés non apparentes? Peut-on se satisfaire des définitions communes de la beauté? Le Beau est-il de nature esthétique uniquement? Tant de questions que nous pourrions nous poser autour de cette problématique vieille de l'âge de l'humanité. À cet égard, le dialogue sur le Beau entre Socrate et Hippias représente encore aujourd'hui un intérêt certain.

Pourquoi traiter du Beau? L'écrivain Alain Lercher, dans *Les mots de la philosophie*, nous rappelle que le Beau, le Bien et le Vrai forment les trois grandes notions normatives de la philosophie. Le Bien se relie aux normes morales, le Vrai aux normes logiques et le Beau aux normes esthétiques. À différents degrés, *Hippias Majeur* aborde justement ces trois normes philosophiques.

Percevoir qu'une chose est belle, c'est faire un jugement de valeur esthétique, en reconnaissant à la chose des caractéristiques attrayantes, agréables, utiles ou même commerciales (pensons par exemple aux galeries d'art ou aux panneaux publicitaires).

Mais, ne confondons pas Beau et beauté. La beauté n'est pas la vérité du Beau, elle est uniquement son apparence et sa manifestation. La beauté appartient à l'esthétique, elle est sensitive et mondaine. Le philosophe allemand Martin Heidegger (1889-1976), dans *Essai et conférences*, avait défini l'esthétique comme « la science du comportement sensible et affectif de l'homme et de ce qui détermine [le Beau] ». L'homme ne peut être l'auteur du Beau, il en est uniquement son témoin. Le Beau est en effet un concept qui appartient à la catégorie des idées supérieures, abstraites, qui englobent toutes les beautés esthétiques. Il y a donc lieu de parler du Beau et des beautés. Les beautés sont, par exemple, une belle peinture, un beau paysage, un bel animal ou un bel être humain. Quant au Beau, dira Jean d'Ormesson, de l'Académie française, « il se déchoit en agréable, en joli, en plaisant et se gonfle en sublime ». Le Beau est quelque chose qui jaillit de l'intérieur de l'être de la chose. Il est virtuellement là, dans une existence qui transparaît dans les êtres et les gestes, comme dans une fleur ou une œuvre. Seul l'être humain peut contempler les belles choses ; lui seul peut penser le Beau.

PLATON, SOCRATE ET HIPPIAS : ÉLÉMENTS DE BIOGRAPHIE

En général, chaque personnage des dialogues de Platon a une importance singulière. Même si ces personnages servent le propos de l'auteur, qui ne cherche pas à les dépeindre de façon véridique, mais plutôt à se saisir de leur personnalité pour mieux traduire sa pensée, il est éclairant de parcourir leur biographie (notamment quand, comme c'est le cas dans *Hippias Majeur*, ils ont réellement existé). Aussi, allons-nous non seulement aborder la vie de Platon, mais également celle de Socrate, le maître-penseur et la source d'inspiration des œuvres de Platon, ainsi que celle d'Hippias d'Élis, le sophiste réputé, qui se targue de tout comprendre et que Socrate se plaira à provoquer ici dans un duel argumentaire sur le sens du Beau.

PLATON

Nous savons très peu de choses sur la vie de Platon. Pour l'aborder, on est conduit à s'appuyer surtout sur des biographies tardives, comme celle d'Apulée, auteur du 2e siècle, originaire d'Afrique, et celle de Diogène Laërce, historien et commentateur de philosophes illustres du 3e siècle. Presque tout ce que nous savons de la vie de Platon repose seulement sur des suppositions informées et des approximations.

Platon (mot qui veut dire en grec, « le large ») reçut ce surnom probablement à cause de ses larges épaules. Platon est né à Athènes en ~427* et y est mort le sept mai vers ~347, à l'âge de 80 ans, alors qu'il participait à un repas de noces. Détail peut-être anodin, il est mort le jour d'anniversaire de la naissance mythique d'Apollon à Delphes.

Platon grandit dans une famille riche de la haute aristocratie athénienne et ne fut jamais marié. Il était prédestiné à la politique puisqu'il fut élevé dans un milieu de politiciens et de chefs d'État. Son père, Ariston, appartenait à la descendance de Codrus, dernier roi légendaire d'Athènes ; sa mère, Perictionè, était de la famille de Solon, homme d'État, législateur et l'un des sept sages de la Grèce qui œuvra à l'instauration de la démocratie athénienne. Platon était aussi le neveu maternel de Critias, membre du Conseil des Trente, les tyrans imposés aux Athéniens par Sparte, à la suite de sa victoire sur Athènes en ~404. Enfin, la famille de Platon était amie de Périclès, stratège militaire qui avait ramené la paix et la prospérité aux Athéniens avant le règne des Trente.

* Le tilde (~) placé avant les dates désigne l'époque avant l'ère chrétienne.

Buste de Platon en marbre. Copie romaine du 2ᵉ siècle d'un original grec du ~4ᵉ siècle, Musée du Louvre, Paris.

Vers l'âge de 20 ans, Platon découvrit en Socrate la personne qui guidera ses pensées jusqu'à la fin de sa vie. Diogène Laërce raconte que Socrate eut un songe dans lequel il vit s'envoler un cygne de sur ses genoux. Quand, le lendemain, Platon vint se joindre à lui comme élève et disciple, Socrate reconnut en lui l'oiseau vu dans son rêve. Platon écoutera son maître attentivement près de dix ans et transcrira soigneusement, croit-on, sa pensée dans plusieurs de ses dialogues philosophiques. Séduit par ses enseignements et sa manière de discuter, Platon, au fil du temps, les mûrira et les développera jusqu'à en mettre en forme son propre système politique, moral et métaphysique.

Désenchanté des activités politiques, des lois et des coutumes de son temps, Platon renonça vite à la vie politique active à laquelle il était destiné. L'atroce échec du gouvernement des Trente à rétablir la justice sociale et la démocratie à Athènes ajouta grandement à sa déception. Mais, c'est sans doute la condamnation à mort de son maître Socrate, victime du gouvernement démocratique qui suivit la chute des Trente, dans lequel Anytos, un des accusateurs de Socrate, joua un rôle de premier plan, qui le toucha le plus profondément. Dans *Platon et ses dialogues*, le traducteur Bernard Suzanne rapporte un passage où le philosophe accuse le pouvoir politique d'avoir comploté contre Socrate : « Mais, par je ne sais quel hasard, voilà que certains des gens au pouvoir assignent devant le tribunal (du peuple) ce même Socrate, notre ami, portant contre lui la plus sacrilège des accusations. » Socrate fut inculpé pour impiété, corruption de la jeunesse et croyance en de nouvelles divinités, et condamné à mort en ~399.

Sa désillusion quant à la politique et sa profonde tristesse du suicide forcé de son maître, amenèrent Platon à quitter la Grèce pour quelque temps. De l'Italie, il passa à Cyrène (la Libye actuelle), où il écouta parler Théodore, philosophe et disciple de Protagoras (v.~492-v.~420). Il alla ensuite quelque temps en Égypte et s'initia aux mystères de la doctrine hermétique ésotérique, qui traite de la formation du monde, de la structure et de la place des êtres vivants, principalement de l'homme dans l'univers. Il semble avoir séjourné également en Perse pour s'entretenir avec des prêtres astrologues (des mages). Après dix à douze ans d'absence, il revint brièvement dans sa terre natale, pour repartir une fois de plus vers le sud de l'Italie et, de là, vers la Sicile.

À l'invitation de Denys I, tyran de Syracuse, colonie grecque située sur la côte sud-est de l'île de Sicile, Platon y alla d'abord pour voir l'île et ses volcans, et, ensuite, s'entretenir avec le tyran. Ses positions moralistes contre la tyrannie et en faveur d'un état gouverné par les philosophes lui valurent l'animosité de Denys et sa condamnation à la prison. Mais Platon s'en tira avec la complicité de quelques amis et regagna Athènes rapidement.

De retour dans sa ville natale, il acheta un gymnase et y fonda l'Académie, institution organisée comme une université, avec une bibliothèque et des salles de cours, dans lesquelles il enseignait les mathématiques, l'astronomie, les sciences et, bien sûr, la philosophie. Détail significatif, on pouvait lire, gravée à l'entrée de l'Académie, cette phrase : « Que nul n'entre s'il n'est géomètre. » Nous verrons plus loin comment la géométrie était une science clé pour comprendre le principe d'harmonie de l'univers chez Platon.

Après la mort de Denys I, vers ~367, son fils Denys II, peu intelligent, mais admirateur de la philosophie, voulut renouer avec Platon. Maintenant âgé d'une soixantaine d'années, celui-ci fit encore deux voyages à Syracuse pour persuader Denys le Jeune d'adhérer à ses idées politiques. Mais il échouera. Suite à son échec, Platon soutint l'expédition entreprise par son grand ami Dion, beau-frère de Denys II, pour détrôner le tyran, politiquement inefficace.

Malgré ses déceptions, Platon demeura fasciné par la politique, comme en témoigne sa plus grande œuvre de maturité, *La République*, dans laquelle il était convaincu de jeter les bases de la société idéale, qui devait être, selon lui, gouvernée par une personne d'esprit philosophique.

Platon est certainement l'un des philosophes qui ont le plus marqué l'histoire de la pensée humaine. Outre son style littéraire, qui n'a pas d'égal, son œuvre philosophique n'a laissé indifférent aucun grand penseur.

Il est difficile de dater rigoureusement ses œuvres. Toutefois, on pourrait les classer en trois grands groupes :
- Les dialogues de jeunesse, les premières œuvres : *Hippias Mineur*, *Hippias Majeur*, *Lachès*, *Lysis*, *Charmide*, *Apologie de Socrate*, *Protagoras*, *Gorgias*.
- Les dialogues de maturité : *Ménon*, *Cratyle*, *Phédon*, *Le Banquet*, *Phèdre*, *La République* (dialogues métaphysiques) *Parménide*, *Théétète*, *Le Sophiste*, *Le Politique*.
- Les dialogues de vieillesse : *Philèbe*, *Timée*, *Critias*, *Les Lois*.

Dans ses écrits, Platon semble rapporter les dialogues de son maître. Sont-ils réels ou fictifs, nul ne saurait le dire avec certitude. Un passage intrigant de

Diogène Laërce rapporte une remarque significative que Socrate a faite après la lecture du *Lysis*[2] par Platon : « Comme ce jeune homme me fait dire des choses qui ne sont pas de moi ! »

C'est pourquoi il nous paraît important d'user de prudence et distinguer le Socrate historique du Socrate de Platon. Comme certains philosophes et historiens, le philosophe Gilles Deleuze (1925-1995) considère que le Socrate de Platon est un **personnage conceptuel** créé par Platon lui-même pour servir ses idées philosophiques. Il demeure donc difficile de séparer les idées du maître de celles de son élève. Toutefois, les historiens semblent croire qu'une partie des dialogues de jeunesse de Platon étaient véritablement inspirés de Socrate. Soulignons qu'*Hippias Majeur* fait partie de ces dialogues. Il faut bien préciser cependant que, même si la pensée de Platon est en partie tributaire des enseignements de Socrate, nous pensons que l'essentiel de la philosophie de Platon est le fruit de ses propres réflexions.

Contrairement à son maître, Platon accorda beaucoup de place à l'écriture. Il a même transmis son amour du détail à son plus fameux élève, Aristote (~384 - ~322). Platon inventa l'écriture du dialogue philosophique, un genre qui exige une finesse, une discipline et un grand sens littéraire. Le philosophe et mathématicien anglais Bertrand Russel (1872-1970) trouvera que les premiers écrits de Platon étaient en effet sans égal.

SOCRATE

Si aujourd'hui nous percevons Socrate comme un génie de la philosophie — parce qu'il a notamment introduit dans l'histoire de la pensée une manière plus introspective de penser l'être humain, plus proche de ses préoccupations existentielles et spirituelles —, à son époque, Socrate était perçu de manière inégale selon les points de vue. Aristophane (~450 - ~386), poète comique réputé, qui se plaisait à ridiculiser les démagogues et les sophistes, le considérait comme un bouffon, un sympathique prestidigitateur, le sophiste[3] des sophistes et, pour

---

2. Discours de Socrate sur l'amitié.
3. Les sophistes étaient des maîtres à penser qui, de ville en ville, enseignaient, moyennant de l'argent, l'art du raisonnement et du « beau parler ». Pour persuader l'autre, ils utilisaient des raisonnements ayant des apparences logiques, mais parfois faux. Ils excellaient en effet dans l'art de soutenir le pour et le contre avec une égale vraisemblance. Dans leur morale, culminait l'art de réaliser ses propres volontés dans la vie. De même, pratiquer le sophisme, l'art de « *rendre plus forte*, devant les tribunaux, *la cause la plus faible* », comme le disait Aristophane, c'est « corrompre la jeunesse ». Nous voyons se dessiner déjà les fondements de deux des trois accusations qui furent portées contre Socrate devant le tribunal du peuple en ~399.

comble de l'injure, un « savant »[4]. Xénophon (~427 - ~355), un autre élève de Socrate, historien autodéclaré, surnommé l'« Abeille attique[5] », qui, avec sa prose élégante et son style vivant, le dépeint d'un caractère plutôt ordinaire, avec des idées bien arrêtées et dispensant des enseignements traditionnels. Et, bien sûr, Platon, qui semble avoir idéalisé Socrate, voyant en lui un rebelle philosophique aux enseignements à la fois judicieux et surprenants. Par ailleurs, tout le monde s'accordait pour dire que Socrate était un poète, en d'autres termes quelqu'un qui percevait et disait les choses autrement que le commun des mortels. Ce qui ressort de cela, c'est un Socrate qui, même auprès de ses élèves, se sentait sans doute passablement incompris.

Buste de Socrate en marbre. Copie romaine d'un original grec du ~4e siècle, Musée du Vatican, Rome.

Socrate était décrit comme ayant un visage large surmonté d'un front vaste et dégarni ; ses yeux, ressortant légèrement, étaient surmontés de sourcils épais ; le milieu du visage, garni de larges narines, était surplombé d'une moustache, suivie d'une barbe clairsemée. Cette tête, que tous s'accordaient à trouver laide, reposait sur un corps gros, trapu, robuste, soutenu par deux jambes courtes. De plus, Socrate se lavait rarement et négligeait son apparence : il portait toujours, été comme hiver, le même manteau peu élégant, comme une soutane de moine. Bref, Socrate passa dans l'histoire comme un grand laid qui riait de lui-même et qui n'avait rien pour attirer le regard des femmes. Pourtant, il eut trois garçons de son épouse Xanthippe, revêche dit-on, qui, à l'occasion, ne se privait pas de le « bastonner », parce qu'il ne rapportait qu'un maigre salaire de son enseignement.

Socrate naquit à Athènes en ~470 et mourut en buvant la ciguë sur ordre du tribunal en ~399, toujours à Athènes.

---

4. À l'époque de Socrate, être un savant, c'est expliquer les phénomènes de la nature, la pluie par exemple, non par l'action des dieux, mais par l'action naturelle. Cela indiquait un esprit matérialiste et athée. Pourtant, nous savons que ce n'est pas Socrate qui enseignait les sciences naturelles, mais bien Anaxagore (voir le *Phédon* de Platon).
5. L'Attique est une péninsule grecque de 2650 km^2 qui s'avance dans la mer Égée.

Socrate, harcelé par sa femme Xanthippe, dans une gravure latine d'Otho Vaenius (1607).

Socrate a été condamné à mort pour avoir défendu la vérité. Mais quelle vérité pouvait être plus précieuse que la vie? — La Vérité.

Depuis son adolescence, élève sans doute brillant, il questionnait ses maîtres et écoutait leur enseignement avec attention. Il attendait d'eux des réponses qui lui permettraient de comprendre le sens de l'existence du monde et de la sienne, et d'en déduire ce qu'il devrait faire dans la vie. Mais les réponses qui auraient pu lui sembler vraies ne venaient jamais!

Vers quarante ans, de passage à Delphes[6], Socrate entendit une voix intérieure lui dire clairement ce que ses yeux lisaient sur un écriteau à la porte du temple d'Apollon[7]: « **Connais-toi toi-même et tu connaîtras l'Univers et les Dieux** ». Chilon, l'un des Sept sages[8] de la Grèce, avait gravé cette assertion pour guider et éclairer les hommes. Socrate s'est senti fortement interpellé par cette voix qui lui chuchotait toujours : « Qui es-tu, toi Socrate? À quoi sers-tu dans la vie? À quoi te sert ton savoir actuel? Que sais-tu des vraies choses? » Par l'intermédiaire du « dieu » qui lui parlait dans son esprit, à travers le *logos* (la raison qui est à la fois rationnelle et spirituelle), que certains ont qualifié également de démon (ou *daïmon*), Socrate comprit soudainement sa mission sur terre : découvrir le chemin de la vérité. Pour y arriver, il prit le temps du silence, au sein duquel peut émerger cette voix « divine » qui parle aux hommes et que certains appellent inspiration, muse ou intuition. C'est, de toute manière, une idée claire, mais non définie, surgissant dans l'esprit du poète, du philosophe, du

6. Sanctuaire situé sur les flancs du mont Parnasse qui domine la Grèce centrale. Dans la mythologie grecque, on raconte qu'Apollon avait vaincu un immense dragon qui demeurait dans les antres du Parnasse et qui menaçait souvent les hommes et leurs troupeaux de maux infinis. Delphes, de son ancien nom *Pythô*, devint dès ce temps un sanctuaire panhellénique, c'est-à-dire accueillant tous les Grecs (lire le collectif sous la direction de Alexandre Falco (2003). *Contes et légendes de la Grèce Antique*. Paris, Maxi-Livres). Consultez le site <www.e-olympos.com/delphes.htm>.

7. Apollon, une des principales divinités grecques, symbole de beauté masculine et de virilité, était considéré par les Grecs également comme le dieu de la lumière et de la divination.

8. Selon la tradition, le groupe des Sept sages (chiffre symbolique et incertain) comprenait Chilon de Lacédémone, Bias de Priène, Cléobule de Lindos, Périandre de Corinthe, Pittacos de Mytilène, Solon d'Athènes et Thalès de Milet. Ce sont des philosophes ou des hommes politiques grecs du ~6ᵉ siècle.

scientifique ou encore du simple individu qui cherche en lui-même une réponse rationnelle ou spirituelle. Lors du procès de Socrate, Platon a entendu celui-ci dire que le «dieu» qui l'habitait le conviait à enseigner autre chose que ce qu'il avait appris lui-même de ses maîtres de jeunesse; il l'invitait aussi à apprendre à se connaître lui même.

La Pythie consultant les oracles pour Égée, roi mythique d'Athènes. Peinture sur vase (v.~440).

Plus encore! Chéréphon, ami d'enfance de Socrate, lui rapporta ce que la Pythie[9] lui avait confié à son sujet, un jour qu'il était lui aussi de passage à Delphes: que Socrate était le plus sage des hommes. Celui-ci resta songeur. Il croyait sans doute que tout homme respectable, arrivé à un certain âge ou à une stature sociale, atteignait la sagesse! N'est-ce pas de cette sagesse purement humaine qu'il faut se préoccuper dans la vie? Mais, il savait maintenant depuis un bon moment qu'un sage résiste aux attraits et aux puissances mondaines, et que la sagesse est une liberté intérieure qui réside dans une sphère spirituelle supérieure.

Ce que son ami d'enfance lui avait rapporté l'avait sérieusement intrigué. Dès lors, Socrate questionna les hommes qu'il croyait être sages. Il interpella le politicien, le juge, l'artisan, le guerrier, comme le simple citoyen. Il arriva à la conclusion que chacun d'eux prétendait comprendre et connaître la vérité alors qu'en réalité, au-delà de leur métier, ils ne connaissaient rien. Au fait, selon Socrate, ils souffraient d'une double ignorance: ils ne savaient pas qu'ils ne se connaissaient pas et, comme lui, ils ne «savaient rien de beau ni de bon». Socrate comprit alors pourquoi la Pythie le considérait comme le plus sage des hommes: contrairement aux autres Athéniens, lui, Socrate, savait qu'il ne savait rien d'essentiel des vérités de l'existence, et que son savoir était superficiel et scientifique, c'est-à-dire fondé sur le matériel et le sensible. Par le chien (son expression favorite), se demandera-t-il alors avec insistance, que veut dire «connaissance»? Sa tâche était plus ardue que jamais, puisqu'en plus, il devait comprendre maintenant ce que voulait dire «se connaître soi-même».

Connais-toi toi-même

«Je ne sais qu'une chose, déclarait Socrate, c'est que je ne sais rien.» La connaissance de soi-même était, pour lui, synonyme de sagesse, car elle devait permettre à l'être humain de prendre conscience de ses propres limites, de se libérer de ses défauts et de développer ses qualités.

9. Les Grecs donnaient le nom de Pythie aux femmes qui avaient un don divinatoire. Le nom de *Pythie* vient d'Apollon, également dieu de la divination, qui était surnommé Pythius (*Pythios*), pour avoir tué le serpent Python, à Delphes.

Ceux qui se connaissent sont instruits de ce qui leur convient et de ce qu'ils sont capables de dire et de faire. Les hommes doivent chercher à acquérir la connaissance supérieure et s'abstenir de parler de ce qu'ils ne connaissent pas. La connaissance supérieure appartient à un monde non matériel. « Connais-toi toi-même » signifie alors s'interroger sur son savoir, se découvrir soi-même, prendre conscience de son ignorance, de ses idées, de ses capacités. Faire ensuite un examen critique de ses véritables connaissances et de ses aptitudes pour constater si sa pensée s'accorde ou non avec son action sociale. C'est un appel à l'être humain pour une vie morale saine et juste.

L'oracle répétait dans son esprit : « Connais-toi toi-même. » Or, s'il devait se connaître et que les savoirs de ses maîtres de jeunesse ne lui servaient à rien, alors, pensa Socrate, c'est que chaque homme détient une part de la véritable connaissance en lui. Il était clair dans son esprit maintenant que les pensées vraies et justes étaient cachées dans l'âme de chaque être humain. À partir de là, comment faire ?

Socrate avait grandi dans un milieu d'ouvriers. Son père, Sophronisque, était un tailleur de pierres ; il les formait et les polissait pour le Parthénon[10]. Socrate observait son père et d'autres travailleurs fabriquer avec minutie des objets selon les règles de l'art. Il trouvait l'œuvre belle, tant par la technique que par ce qu'elle devenait. Il a peut-être tenté quelquefois de faire comme son père, sans beaucoup de persévérance ni de succès. Cependant, maintenant qu'il a compris l'oracle de Delphes et le message de la Pythie, Socrate voudrait faire plutôt comme sa mère, Phénarète, la sage-femme. Mais, au lieu d'aider à faire naître les enfants, il voudrait aider l'être humain à faire naître les vérités que l'âme porte en elle. Socrate voudrait être un accoucheur métaphysique ! Sa mission est non seulement personnelle, mais également sociale. Personne ne peut forcer une idée dans l'esprit de quelqu'un ; en revanche, comme dit l'expression populaire, on peut « accoucher d'une idée ».

Gardons en tête la mission spirituelle et sociale de Socrate : amener l'être humain à découvrir graduellement les vérités du monde intelligible afin de le libérer du monde sensible et de l'amener à mériter son retour vers le divin, avec lequel il parcourait le « Ciel », avant sa chute sur terre.

Socrate initiait alors des dialogues argumentaires avec toute personne qui, selon lui, avait la présomption du savoir, et particulièrement avec les politiciens, les artisans et les sophistes. De cette manière, il se montrait fidèle à lui-même et à son peuple, au risque de créer du trouble dans la cité. Chemin épineux qui le conduira à sa fin tragique. Or, Hippias d'Élis se trouvait parfois sur son chemin, et Socrate ne manquera pas une occasion pour dialoguer avec lui sur des concepts importants, comme celui du Beau.

---

10. Le plus important des douze monuments de l'Acropole, centre religieux que Périclès (~495 - ~429) fit bâtir à partir de ~447, pour célébrer la victoire grecque contre les Perses.

HIPPIAS D'ÉLIS

Hippias (~465 - ~390) était un sophiste réputé et un philosophe qui se targuait de tout savoir, et que Socrate se plut à provoquer dans une « lutte » argumentaire sur le sens du Beau. Hippias était un aristocrate originaire de la ville d'Élis, au nord-ouest du Péloponnèse, dans la région centrale de la Grèce. Il participa à plusieurs missions diplomatiques pour le compte de sa ville natale ; il était admis dans toutes les tribus des cités. Hippias était réputé pour sa grande capacité mnémonique. On raconte que même à un âge avancé, après avoir entendu une seule fois cinquante noms, il était capable de les rappeler dans l'ordre où il les avait entendus.

De plus, Hippias maîtrisait plusieurs sciences, dont les mathématiques, l'astronomie et la rhétorique. Ses discours pouvaient traiter de différents sujets comme la géométrie, l'astronomie, les arts, la philosophie ou la politique. Il abordait ces thèmes partout où il passait, excepté à Sparte, où, après leur victoire sur Athènes, les Lacédémoniens (les Spartiates) prenaient un grand plaisir à l'écouter plutôt parler des différentes colonies qui étaient sous leur hégémonie. Par ses activités diplomatiques, ses enseignements et ses discours, Hippias d'Élis se constitua une belle fortune.

En effet, les sophistes, savants et parfois philosophes, ne formaient pas une véritable école. Toutefois, dans leurs enseignements, ils mettaient l'accent sur l'argumentation en tant qu'art de la rhétorique facilitant la voie du succès dans la vie, en particulier dans la vie publique de leurs élèves.

Or, bien que Hippias fût d'une réputation sans tache, Platon le dépeint comme une personne peu intelligente, vaniteuse et pleine d'elle-même. S'il n'avait pas une très haute opinion d'Hippias, c'est qu'à ses yeux, c'était avant tout un sophiste, c'est-à-dire une personne qui manipulait le verbe et les idées, même de manière contradictoire, afin d'avoir toujours raison sur son interlocuteur. Comme tout bon sophiste, Hippias avait ce que Socrate appelait la « présomption du savoir ». Il naviguait souvent dans les clichés, les belles phrases.

Ces détails sont d'une importance singulière puisqu'ils sont illustrés dans son dialogue avec Socrate sur le Beau. Nous voyons là combien sa stature sociale et sa fortune l'amènent à adopter une attitude quelque peu hautaine ou même vantarde. Hippias d'Élis était devenu ainsi l'une des cibles privilégiées de Socrate.

Pourquoi appeler ce dialogue Hippias « Majeur »? *Hippias Majeur* se distingue d'*Hippias Mineur*, un autre dialogue, antérieur à celui sur le Beau, entre Socrate et le même Hippias d'Élis, mais cette fois sur le mensonge.

REPÈRES HISTORIQUES ET CULTURELS

Histoire	Socrate et Platon	Événements culturels
~8ᵉ siècle		Homère, auteur de l'*Iliade* et de l'*Odyssée*.
		Hésiode, poète et écrivain, *Les Travaux et les jours*, *Théogonie*.
		~776, 1ᵉʳ juillet, premiers Jeux Olympiques.
~7ᵉ siècle		
~690 Aménagement du sanctuaire panhellénique de Poséidon à Corinthe pour les jeux Isthmiques.		
~682 Chute de la monarchie à Athènes.		
~625 Dracon fait une première réforme du système de justice athénien.		v.~625 à v.~547 Thalès de Milet, philosophe et mathématicien.
~621 Dracon introduit la démocratie à Athènes.		v.~610 à v.~544 Anaximandre, philosophe et mathématicien.
~6ᵉ siècle		
~600 à ~590 Première guerre sacrée à Delphes.		
~594 Solon crée les principales institutions démocratiques à Athènes.		v.~580 à v.~500 Pythagore, philosophe et mathématicien.
		v.~576 à v.~480 Héraclite, philosophe.
		v.~570 à v.~480 Xénophane, philosophe.

Histoire	Socrate et Platon	Événements culturels
~561 Pisistrate, tyran d'Athènes.		v.~550 à v.~480 Anaximène, philosophe.
~557 à ~530 Règne de Cyrus, fondateur de l'Empire perse.		v.~544 à v.~450 Parménide, philosophe.
		v.~525 à ~456 Eschyle, dramaturge.
~510 Fuite d'Hippias, dernier tyran d'Athènes.		
~508 Réformes démocratiques à Athènes par Clisthène.		
~506 Échec de la coalition de Sparte contre Athènes.		
~5 siècle		v.~500 à v.~428 Anaxagore, philosophe, subit un procès pour impiété.
~499 à ~494 Révolte de l'Ionie contre les Perses.		~496 à ~406 Sophocle, dramaturge.
~495 Naissance de Périclès à Athènes.		
~494 Prise et destruction de Milet par les Perses.		v.~494 à v.~435 Empédocle, philosophe.
~490 et ~480 Guerres médiques, les cités grecques résistent aux Perses.		v.~487 à ~380 Gorgias, sophiste et orateur.
~490 Première guerre médique : les Athéniens repoussent les Perses sur la plage de Marathon.		v.~485 à v.~420 Zénon d'Élée, philosophe.
		v.~485 à v.~410 Protagoras, sophiste célèbre, subit un procès pour impiété.
~480 Thémistocle commande la flotte athénienne et remporte la victoire de Salamine.		v.~484 à v.~425 Hérodote, historien.
~480 Seconde guerre médique : Athènes occupée et détruite par les Perses.		v.~480 à ~406 Euripide, dramaturge.

Histoire	Socrate et Platon	Évènements culturels
~479 et ~469 Victoires des Grecs coalisés contre les Perses.	~469 Naissance de Socrate.	v.~460 à v.~370 Démocrite, philosophe matérialiste.
~459 Expéditions des Athéniens en Égypte ; guerre de Corinthe contre Athènes.		v.~460 à v.~377 Hippocrate, médecin.
~457 Guerre entre Athènes et Sparte prélude de la guerre du Péloponnèse.		fin ~5ᵉ siècle Thrasimaque, sophiste que Platon fait dialoguer avec Socrate dans *La République*.
~450 Athènes à la tête de la Ligue de Délos, perçue peu à peu comme un « empire athénien », suscite rivalités et conflits.		~450 à ~386 Aristophane, auteur de comédies.
~450 Anaxagore est accusé d'impiété et de médisance et condamné. Il réussit à quitter Athènes grâce à Périclès.		
~446 Traité de paix de Trente ans entre Athènes et Sparte.		
~443 Périclès élimine l'opposition oligarchique.		
~443 à ~429 Périclès réélu stratège tous les ans à Athènes.	~432 à ~430 Socrate est soldat.	
~431 Début de la guerre du Péloponnèse.		
~430 à ~429 Siège de Potidée (en Thrace), auquel participe Socrate.	~430 Début de la mission de Socrate.	
~430 Grande épidémie de peste ou de fièvre typhoïde.		
~429 Mort de Périclès, victime de la peste.	~429 Socrate sauve Alcibiade à la bataille de Potidée.	
	~428 ou ~427 Naissance de Platon.	

Histoire	Socrate et Platon	Évènements culturels
		~423 *Les Nuées* d'Aristophane, satire de Socrate.
~424 Défaite d'Athènes, vaincue par Thèbes à Délion (Béotie).		
~421 Paix de Nicias : retour à la situation précédant la guerre.		
~411 à ~404 Multiples bouleversements politiques et militaires. Athènes vit sous l'oligarchie, puis sous une forme de démocratie. Elle connaît enfin la tyrannie des Trente.		
~410 La démocratie est rétablie à Athènes.	~408 à ~399 Platon suit l'enseignement de Socrate.	
~406 Victoire d'Athènes aux îles Arginuses (mer Égée).	~406 Socrate siège au Conseil d'Athènes au moment du procès des généraux qui n'ont pas porté secours aux naufragés durant la bataille aux îles Arginuses ; les accusés sont jugés en bloc. Socrate est le seul dans l'Assemblée à réclamer pour eux des procès individuels, comme le stipulait la loi.	
~405 Siège d'Athènes par les Spartiates ; leur commandant, Lysandre, impose la paix et institue à Athènes les Trente Tyrans.		
~405 Destruction de la flotte athénienne à Aegos-Potamos (Thrace).		
~404 Fin de la guerre du Péloponnèse.		
~404 à ~378 Domination d'Athènes par Sparte.		
~403 Retour de la démocratie. Il s'agit maintenant d'une démocratie constitutionnelle (constitution écrite) et non d'une démocratie orale et coutumière.		
~4 siècle	~399 Procès et mort de Socrate.	

Histoire	Socrate et Platon	Évènements culturels
	~399 à ~390 Platon écrit *Hippias Mineur, Ion, Lachès, Charmide, Protagoras, Eutyphron, Hippias Majeur.*	
	~390 à ~385 Platon écrit *Gorgias, Ménon, Apologie de Socrate, Criton, Euthydème, Lysis, Ménexène, Cratyle.*	
	~389 Voyage de Platon dans la Grande Grèce (Italie du Sud).	
~384 à ~322 Démosthène, chef d'État démocrate et grand orateur.	~387 Voyage de Platon en Sicile.	~384 à ~322 Aristote, philosophe.
~378 à ~376 Athènes fonde une grande confédération maritime et contrôle la mer Égée.	v.~387 Platon fonde l'Académie.	
	~385 à ~370 Platon écrit *Phédon, Le Banquet, La République, Phèdre.*	
	~370 à ~348 Platon écrit ses dernières œuvres : *Théétète, Parménide, Sophiste, Politique, Timée, Critias, Philèbe, Les lois.*	v.~365 à ~275 Pyrrhon, fondateur de la doctrine du scepticisme.
	~367 Voyage de Platon en Sicile.	v.~364 Praxitèle sculpte une statue de la déesse Aphrodite.
	~361 Voyage de Platon en Sicile.	v.~360 Aristippe le Jeune. Suivant l'enseignement de sa mère, Arété (doctrine des plaisirs ou hédonisme), il continue l'école cyrénaïque.
~338 Défaite d'Athènes et de ses derniers alliés devant Philippe II de Macédoine.	~348 ou ~347 Mort de Platon.	~343 Aristote devient le précepteur d'Alexandre le Grand.
~336 Alexandre le Grand succède à son père, Philippe de Macédoine, à l'âge de 20 ans. Il soumet la Grèce et entreprend la conquête de l'Empire perse.		~341 à ~270 Épicure, penseur de l'épicurisme.
~323 à ~30 Naissance et fin de la civilisation hellénistique initiée par Alexandre le Grand.		v.~335 à v.~264 Zénon de Citium, fondateur du stoïcisme.
		~335 Aristote fonde le Lycée à Athènes.

LES SEPT SAGES DE LA GRÈCE ET LEURS MAXIMES

Pittacos de Mytilène (~650 - ~570) : « *Rien de trop* »

Solon (~640 - ~558) : « *Regarde le terme de ta vie* »

Cléobule de Lindos (~630 - ~560) : « *Mesure est perfection* »

Thalès de Milet (~625 - ~547) : « *Évite de donner ta caution* »

Chilon de Lacédémone (~6ᵉ siècle) : « *Connais-toi toi-même et tu connaîtras l'Univers et les dieux* »

Périandre de Corinthe (~6ᵉ siècle) : « *Maîtrise ta colère* »

Bias de Priène (~6ᵉ siècle) : « *Les méchants sont en majorité* »

LE CONTEXTE POLITIQUE ET CULTUREL DU *HIPPIAS MAJEUR*

Quelques éléments historiques nous aideront à mieux situer l'attitude philosophique de Socrate, particulièrement vis-à-vis du deuxième personnage du dialogue, Hippias d'Élis. Socrate a passé toute sa vie à Athènes. Il y a été témoin de son âge d'or, le Siècle de Périclès! À cette époque, la première démocratie connue par les hommes brillait de tous ses éclats. Le peuple d'Athènes se gouvernait lui-même. Les citoyens athéniens libres, riches et pauvres, étaient égaux devant la loi et jouissaient tous des mêmes droits politiques (à l'exception des femmes cependant qui ne pouvaient jouer de rôle public). Des magistrats élus par le peuple même s'assuraient de l'exécution des lois.

L'Athènes de la seconde moitié du ~5ᵉ siècle fourmillait déjà de philosophes et de sophistes qui provoquèrent la corruption de la philosophie et firent rétrograder les mœurs de ses citoyens. Si les sophistes étaient essentiellement des éducateurs, c'étaient souvent aussi des démagogues qui se plaisaient à démontrer n'importe quelle thèse par l'habileté de leur argumentation. Ils heurtaient confusément les concepts philosophiques et opposaient sans fin vraisemblance à vraisemblance, amenant incontestablement la faillite de la pensée spéculative métaphysique et objective (scientifique), qui avait été soigneusement édifiée par les Éléates[11] et les Ioniens[12]. S'ajoutaient à cela les prétentions des politiciens, des artisans et même du simple peuple. Bref, une crise intellectuelle s'installa graduellement à Athènes, ce qui finit par déclencher l'exaspération de Socrate envers ses concitoyens et, particulièrement, les sophistes ; parmi eux, on retrouve bien évidemment le second personnage de ce dialogue sur le Beau, Hippias d'Élis.

11. L'École éléatique, ou École d'Élée, était une école philosophique qui tirait son nom de sa région d'origine. La pensée commune à tous les philosophes de cette école était l'idée de l'*unité de l'Être*, idée qui a survécu jusqu'à aujourd'hui chez les spiritualistes. L'Être est un, éternel, indestructible et immuable.

12. L'École ionienne était ainsi nommée parce que la plupart des philosophes qui en faisaient partie étaient nés en Ionie. Cette école chercha à substituer à une cosmogonie mythologique une physique fondée sur l'observation, la déduction et l'objectivité. En prenant le monde physique pour l'unique objet de ses spéculations, l'École ionienne s'attacha spécialement à la certitude des données matérielles.

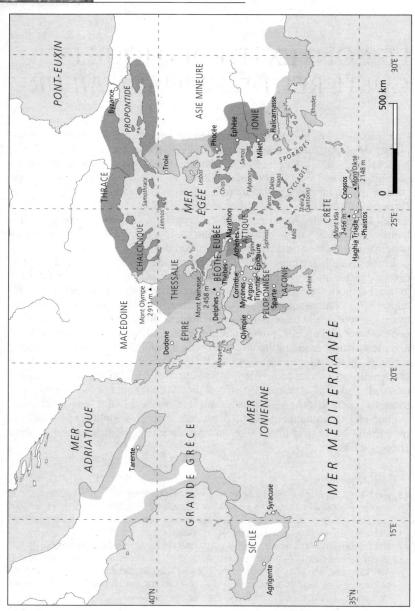

La Grèce antique.

Socrate aimait son peuple profondément. Il s'était battu avec vaillance pour l'amour d'Athènes et des Athéniens ; il était reconnu comme un solide guerrier et courageux durant les batailles militaires. Mais il s'était attristé de voir ses concitoyens, à peine sortis de leur guerre contre Sparte, s'engouffrer, nous allons le voir, dans la tradition homérique et le conservatisme social et religieux.

En effet, la guerre du Péloponnèse mit fin à l'éclat d'Athènes. Sparte, sa voisine coriace du sud-ouest, et ses alliés l'entraînèrent, en ~431, dans une guerre qui dura 27 ans. Athènes subit alors une défaite qui lui coûta sa flotte et son hégémonie sur la région. Elle ne fut plus désormais qu'un humble satellite de Sparte. À la fin de la guerre, en ~404, Sparte imposa à Athènes un gouvernement composé de Trente tyrans, essentiellement d'aristocrates, responsable de la dégradation politique et sociale de la Cité (voir plus haut la réaction de Platon). Pourtant, en ~403, Thrasybule, général et homme d'État, rétablit la démocratie à Athènes.

Les activités économiques d'Athènes furent ensuite plus brillantes qu'avant sa défaite. Cependant, l'écart économique entre une minorité de gens très riches et le simple peuple, la plèbe, se creusa de plus en plus. Les riches ne voulaient plus payer les taxes et les pauvres ne voulaient plus servir l'État. Du même coup, l'esprit civique des citoyens s'affaiblissait constamment et les intérêts des particuliers l'emportaient sur l'intérêt général. Socrate observait cette situation avec inquiétude et désarroi.

Le peuple qui, par exemple, se délectait d'un théâtre aux scènes grotesques inspirées par les farces et les moqueries, adoptait un comportement superficiel, exubérant ou ne se souciait que de prestige et d'apparat. L'Athénien ne questionnait plus ses croyances mythiques, ne doutait plus de ses convictions, ni de ses valeurs rétrogrades. Voir ses concitoyens adorer les dieux imaginaires d'Homère et leur offrir tant de sacrifices futiles affligeait Socrate.

Quand, à l'âge de 40 ans, Socrate décida de consacrer sa vie à bousculer son peuple, toutes classes sociales confondues, nous l'avons dit plus haut, sa croisade consista à remettre en question leurs savoirs et leurs vérités. Il voyait la nécessité d'agir, maintenant, comme un père qui voit son enfant aller à la dérive. Socrate, fait remarquer le philosophe Joseph Vialatoux (1880-1970), a eu peut-être « le sentiment de la communicabilité de la sagesse »: il croyait sincèrement pouvoir unir les individus et leur communiquer la sagesse philosophique. N'était-il pas le sage des sages que la Pythie avait reconnu parmi les Athéniens ? Il s'est certainement senti investi d'une mission irrésistible, puisque l'oracle l'avait nommé.

Socrate ne recherchait que la vérité. Son courage aussi bien guerrier que philosophique l'a amené, comme le disait encore Joseph Vialatoux, à la mort planifiée sans qu'il renonçât jamais à ses convictions. C'est pourquoi son courage psychologique et moral lui interdisait de fuir sa sentence de mort, comme le lui suggéraient avec insistance ses disciples. Xénophon et les autres l'ont vu boire dans la coupe mortelle avec dignité, sans hésiter un instant. Ils racontaient que, même jusqu'aux derniers moments, Socrate philosophait sur la question de l'éternité de l'âme! On ne sait pourquoi, Platon était absent de ce moment solennel, mais on lui a tout raconté.

LES FONDEMENTS PHILOSOPHIQUES DU *HIPPIAS MAJEUR*

Pour mieux saisir la portée du dialogue *Hippias Majeur*, nous proposons un rapide tour d'horizon de quelques fondements philosophiques de la pensée de Socrate et de Platon, nécessaires pour bien en comprendre les différentes dimensions.

LE DUALISME DE PLATON : INTELLIGIBLE-SENSIBLE, ÂME-CORPS

Le Socrate de Platon avait une vision particulière de la vie et de l'univers. Pour lui, l'univers est une unité harmonieuse composée de deux éléments distincts : l'immatériel et le matériel ; l'être et le paraître ; l'intelligible et le sensible. C'est le dualisme platonicien. Le corps de l'homme est la prison de son âme, répétait le Socrate de Platon. Il est également le sanctuaire des sens et de la perception des apparences, qui nous tiennent prisonniers d'une compréhension superficielle des choses. Par bonheur, **la raison**, le ***logos***[13], est là comme une fenêtre lui permettant de s'ouvrir sur le chemin de l'éternité. Le *logos* est l'organe rationnel de l'âme. L'âme est le contraire du corps ; elle est d'une nature immatérielle. Elle rend l'être humain capable de s'émouvoir, de parler, de raisonner, d'argumenter, de réfléchir, de penser et, finalement de voir la vérité des choses qui se trouvent dans le monde immatériel supérieur, appelé le *monde intelligible*.

Le monde intelligible renferme, selon Platon, toutes les vérités sous la forme d'Idées supérieures ou archétypes. Il était convaincu que la raison, outil de l'âme, par le dialogue avec autrui, finirait par faire découvrir à l'être humain ces vérités et lui permettrait, en fin de compte, d'arrêter le cycle des naissances et des morts (Platon croyait à la réincarnation). Le dialogue avec Hippias d'Élis s'inscrit justement dans cette démarche qui devrait amener Socrate à découvrir la connaissance du Beau, une des Idées archétypales majeures dans la philosophie de Platon.

Qu'est-ce que la beauté ? Qu'est-ce que les nombres ? Qu'est-ce que le bien et la vertu ? Que veulent dire amitié, amour, justice, liberté et devoir ? Ce sont là

---

13. Le *logos*, en grec, signifie à la fois *parole* et *raison*.

des exemples de concepts métaphysiques, des idées supérieures, qu'on appelle des archétypes, à découvrir pour une réminiscence véritable.

RÉMINISCENCE ET ARCHÉTYPES

Les idées vraies sont déjà dans l'esprit de l'être humain, dans son âme, dès avant sa naissance. Il faut prendre simplement le temps de les mettre au grand jour. La naissance d'un enfant ou la naissance d'une idée est ce qu'il y a de plus naturel. Même douloureuse, elle procure de la joie après l'accouchement. N'avons-nous pas déjà ressenti de la joie au moment même où nous avons compris un concept difficile que le professeur vient d'expliquer? L'esprit s'illumine, les yeux scintillent, le sourire s'affiche grand ; tout le corps réagit agréablement à cet état extatique! Dans son dialogue avec Hippias, Socrate tentait d'extraire l'Idée du Beau de son interlocuteur, mais avant tout de son propre esprit. Il s'est même senti honteux devant sa propre incapacité à « saisir » le sens véritable du Beau.

À strictement parler, le terme *réminiscence* veut dire « se souvenir ». L'être humain est sur terre en état de réminiscence, c'est-à-dire en attente de se souvenir de tous les archétypes qui se trouvent dans le monde céleste, où les choses sont plus réelles et plus justes que dans le terrestre.

Un archétype n'est pas une simple définition d'un mot qu'on trouverait dans un dictionnaire. Un archétype est l'Idée supérieure d'une chose : l'être humain doit saisir la forme intelligible de la chose, « partant de la multiplicité des sensations, [et] les ramener à l'unité par le raisonnement ; [...] cette faculté est une réminiscence de tout ce que jadis a vu notre âme. » (*Phèdre*)

Par exemple, faire des calculs avec succès ne donne pas l'Idée supérieure de ce que sont les mathématiques. S'exercer graduellement, depuis les plus simples fonctions jusqu'aux plus complexes, finira par nous faire saisir l'Idée supérieure des mathématiques, c'est-à-dire, selon Platon, l'arithmétique et la géométrie. Soulignons que, dans le cas des mathématiques en particulier, Platon insistera sur le fait qu'elles ne sont pas une création abstraite de l'esprit humain. Pour lui, les mathématiques ont une véritable existence autonome dans le monde céleste de l'intelligible. L'arithmétique est au service des calculs géométriques, élément essentiel dans la perception harmonieuse de l'univers.

Celui qui ignore une chose, quelle qu'elle soit, a en lui des opinions vraies sur la chose qu'il ignore. Partant de cette profonde conviction, Socrate, dans *Ménon*, s'efforcera de prouver que l'esclave de Ménon, noble Grec de la ville de Thélassie, en apparence ignare, découvrira la diagonale en géométrie, alors qu'initialement il n'en savait rien. Par les simples interrogations de Socrate, l'esclave de Ménon comprendra qu'un carré qui a quatre côtés égaux, et mesure deux pieds de chaque côté, formera une surface de quatre pieds carrés. D'une étape à l'autre, Socrate finira par lui faire découvrir également qu'en doublant les dimensions, le carré aura une superficie de 16 pieds carrés. D'une question à l'autre, l'esclave comprendra qu'en divisant l'intérieur du carré en portions égales, il pourrait former seize carrés égaux à l'intérieur de son carré de 4 × 4.

Pour Socrate, cette connaissance mathématique résidait depuis toujours dans l'esprit de l'esclave de Ménon. Et puisque l'esclave l'a toujours eue en lui, « c'est qu'il a toujours été savant. » Pour Socrate, la démonstration de ses convictions est faite. Par analogie, on pourrait penser que Socrate

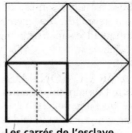

Les carrés de l'esclave de Ménon.

aurait joué avec l'esclave de Ménon le rôle de souffleur qui aide un acteur à se souvenir du scénario qu'il a appris avant de monter sur scène.

Le spécialiste des mathématiques Martin Gardner, dans *Haha, ou l'éclair de compréhension mathématique*, tente justement de prouver cette aptitude à découvrir soi-même les vérités mathématiques. Ce qui est requis de l'individu, dit-il, c'est d'être en mesure de ne pas s'accrocher aux modèles acquis et de « libérer l'esprit des techniques courantes de résolution » des problèmes.

À partir de l'introspection et de l'intuition, l'individu utilisera le dialogue, le questionnement, la réflexion et la déduction comme méthodes de recherche de la vérité qu'il porte déjà en lui. Pour Platon, la vraie réalité est donc en nous, avant la naissance, elle est essentiellement innée, comme le dira Descartes (1596-1650). Nous sommes alors en droit de nous poser la question sur ce qui détermine l'être humain : l'éducation, la culture ou ses prédéterminations génétiques ? Nature contre culture, le débat est toujours ouvert pour nous, mais pas pour Platon.

Sur un plan métaphysique, selon Platon, la vérité des choses existe dans un monde intelligible (suprasensible) dont nous ne voyons, dans les objets terrestres, que les manifestations. L'homme perçoit et interprète uniquement les effets et les images de ce monde supérieur. S'il y a conflit entre les hommes sur leurs interprétations d'une chose, il est évident que ce n'est pas la chose en soi qui est le problème, mais la façon dont ils la comprennent. Si de loin, je regarde un chien que je prends pour un caniche, mais qu'une autre personne perçoit comme un bichon, ce n'est pas la réalité de la race du chien qui est le problème, mais bien la perception que chacun de nous en a eue. Ce qui fera dire à Nietzsche (1844-1900) que l'erreur et l'apparence n'appartiennent pas à l'essence d'une chose. Dans son dialogue avec Hippias d'Élis, Socrate s'inscrit dans la même dynamique : il cherche une définition universelle du Beau, au-delà des apparences esthétiques, alors qu'Hippias conçoit le Beau dans ses manifestations (la beauté d'une belle vierge, de l'or ou d'une belle vie). Mais l'apparence d'une chose n'est pas son essence. La beauté n'est pas le Beau! Une «belle vierge», pour reprendre un exemple du dialogue ne nous dit pas ce qu'est le Beau comme Idée supérieure, mais nous révèle seulement l'apparence, esthétique, de la «vierge».

LA VRAIE CONNAISSANCE : L'ÊTRE ET LE PARAÎTRE

L'être humain doit faire les efforts mentaux nécessaires pour distinguer la réalité de l'illusion. La vraie connaissance réside pour Socrate dans le fait de «dé-couvrir» la vérité de la réalité. Cette vérité doit surgir du brouillard provoqué par les perceptions sensitives. La vraie connaissance socratique n'est pas scientifique, elle est d'abord méditative, en cela que les idées et les réflexions envahissent l'esprit humain. Elle est déductive aussi, puisque la raison conduit à une pensée structurée. D'un archétype à l'autre, l'âme humaine découvrira les vérités du monde intelligible. Graduellement, elle cheminera alors vers l'Idée du **Bien suprême**, le Divin (*Agathon*), source de toutes les autres Idées.

LE CHEMIN DU BIEN SUPRÊME, CHEMIN DE LA LIBERTÉ

Le Socrate de Platon précise que le chemin du *Bien suprême* vers lequel tend l'âme humaine n'est pas facile, puisqu'il est la dernière Idée à percevoir. Lorsque l'âme humaine l'aura aperçue, il sera évident pour elle que le Bien suprême est la cause de tout ce qui est beau dans le monde. Bien plus, il pourra se comporter avec sagesse dans la vie. Il comprendra que, finalement, dans le monde intelligible elle est la source de la lumière qui dispense la vérité et l'intelligence. C'est en philosophant, en se libérant de ses propres désirs immodérés, de ses passions et de ses ambitions que l'être humain pourrait atteindre un jour le Bien Suprême. Socrate veut l'aider à y parvenir! Ne s'est-il pas consacré à sa tâche d'accoucheur d'esprits!

Pour Socrate, celui qui sera en mesure d'accoucher de toutes les idées archétypales sera un être libre, spirituellement parlant. Il ne sera plus alors déterminé par sa matérialité et sa sensualité, il s'en libérera pour atteindre un niveau élevé de conscience et de réalisation de soi. Il se connaîtra lui-même et renaîtra auprès du divin, la source de toutes choses, là où il aurait dû être avant sa déchéance sur terre. Ce sera la fin du cycle des réincarnations. Telle est la Beauté métaphysique de l'existence qui transcende l'âme et pour laquelle Socrate donnera sa vie.

C'est donc avec l'aide de la raison (le *logos*) que Socrate puisera dans l'âme les réponses qu'il cherche. La raison sera désormais au service des connaissances supérieures et des vertus, car, en plus de le rendre libre, accoucher des idées vraies amènerait l'être humain à devenir un être vertueux.

Si l'être humain veut regagner sa place auprès du divin, il doit être libre et agir de manière vertueuse, c'est-à-dire résister aux tendances personnelles et instinctives, et suivre ce que la raison indique de faire en fonction du bien supérieur à l'égard de soi-même, des autres et de l'État. En d'autres termes, il doit agir de manière morale et universelle, applicable à tous. Or, pour être libre et agir de manière vertueuse, il doit se comprendre ; pour se comprendre, il doit découvrir la vérité des idées réelles ; pour réaliser cette découverte, il doit dialoguer avec ses semblables. Ne partageant pas cette perspective éthique, Socrate jugeait que les sophistes, dont faisait partie Hippias d'Élis, étaient des personnes peu vertueuses.

LES QUATRE VERTUS CARDINALES

Dans le *Gorgias* (504d-504e), Socrate explique que le bon orateur qui « possède son art et est lui-même vertueux, aura en vue dans tous les discours qu'il adressera aux âmes, et dans toutes ses actions, et, soit qu'il donne, soit qu'il ôte quelque chose au peuple, il songera sans cesse aux moyens de faire naître la justice dans l'âme de ses concitoyens et d'en bannir l'injustice, d'y faire germer la tempérance et d'en écarter le dérèglement, en un mot d'y introduire toutes les vertus et d'en exclure tous les vices. »

Platon approfondira ce que Socrate n'a pu développer avant sa mort au sujet de la vertu. Dans *la République,* il ébauchera la théorie des quatre vertus cardinales qui doivent amener, par la raison, tout homme à vivre une vie sociale et spirituelle élevée : la tempérance et modération ; la sagesse ; le courage et la force, et enfin, la justice.

Par la justice, l'homme devient intérieurement harmonieux, c'est-à-dire en mesure de conjuguer harmonieusement la prudence, la force et la tempérance. L'injustice, au contraire, c'est le désaccord, la discorde sous ses trois formes, l'intempérance, la lâcheté et l'ignorance.

LA MÉTHODE SOCRATIQUE

D'après Diogène Laërce, Platon était un bon athlète. Il aurait même participé à une compétition de lutte aux Jeux isthmiques[14]. Ce détail n'a pas échappé au philosophe contemporain Michel Onfray qui, dans *Les sagesses antiques*, perçoit dans les œuvres de Platon une attitude manichéenne[15]. Platon construit sa pensée sur le mode de la lutte : le bien, caractérisé par Socrate, l'emporte sur le mal, personnifié par ses adversaires ; Platon fabrique des tragédies avec un Socrate qui affronte des « comédiens » intellectuellement à sa merci.

LA MAÏEUTIQUE

Le Socrate de Platon, nous le savons maintenant, est obsédé par deux valeurs fondamentales : la connaissance de soi et la connaissance de la réelle vérité des choses. Or, malgré son air débonnaire et ses questions d'apparence innocentes, il enseignait par questionnement et non par discours. En donnant l'impression de vouloir apprendre de son interlocuteur, il discutait avec lui en feignant ne rien savoir sur le sujet. Son style empirique est appelé *la maïeutique*, une méthode qui incite par le dialogue et la réflexion à dé-couvrir la vérité dans l'âme.

La maïeutique socratique ressemblait à une joute intellectuelle, certainement originale même aujourd'hui. Les règles étaient déterminées à l'avance par Socrate lui-même à l'insu de son interlocuteur. Elles incluaient questionnement[16], interrogation[17], écoute[18], induction[19], analogie[20], humour[21], ironie[22], réfutation[23], encerclement et finalement la mise au sol… argumentaire.

14. Jeux organisés en l'honneur de Poséidon (dieu des mers) qui avaient lieu dans le sanctuaire d'Isthmia, à Corinthe, tous les quatre ans, puis, à partir de ~581, tous les deux ans. Ces jeux, très appréciés par les Athéniens, alors que les Lacédémoniens s'en tenaient le plus souvent à l'écart, furent supprimés vers ~130.
15. Qui interprète le monde en une opposition tranchée entre ce qui est bien et ce qui est mal.
16. Questions posées sur quelque chose.
17. Questions posées à quelqu'un pour pousser le raisonnement.
18. Fait d'être attentif à ce que l'autre *dit*, y participer de manière intéressée.
19. Arriver à une conclusion en allant du particulier au général. Dans la logique de l'argumentation, une induction arrive à une conclusion probable, jamais certaine.
20. Constat des similitudes entre deux choses différentes. À distinguer de la comparaison qui tient compte des différences autant que des ressemblances.
21. Provoquer le sourire ou le rire.
22. Moquerie, où l'on dit le contraire de ce que l'on veut faire entendre.
23. Arguments contraires invoqués pour invalider l'argumentation de quelqu'un.

En aucune circonstance, Socrate n'abusait de sa victoire sur son adversaire. Sa plus grande satisfaction était de reprendre lui-même le sujet traité et d'établir les vrais principes à la place du rhétorique sophistique. Mais le K.O. n'arrivait pas toujours. **C'était alors l'aporie!** Non que Socrate baissât les bras devant un interlocuteur coriace, mais parce que lui-même tombait dans un chemin de raisonnement qui ne menait nulle part.

Avec un langage populaire et simple, Socrate exerçait la maïeutique au milieu d'un marché ou à une réception donnée en l'honneur d'un notable. Personne n'échappait à son ironie. Le rencontrer, c'était courir le risque d'être ridiculisé et de devenir la risée de l'assemblée. « Athènes est comme un cheval paresseux », a-t-on entendu dire Socrate, « et moi, je suis comme un taon[24] qui tente de le réveiller et de le maintenir en vie ». Une remarque qui rappelle la déchéance intellectuelle et morale des Athéniens à l'époque de Socrate. Ce dernier posait des questions en filigrane de manière parfois brutale, parfois même vulgaire, notera le philosophe canadien John Ralston Saul. Il déséquilibrait non seulement son adversaire, mais le système de langage rhétorique et sophistique utilisé par l'*intelligentsia* et l'*establishment* socioculturels d'Athènes.

LA PSEUDONAÏVETÉ DE SOCRATE

Est-ce dire pour autant que Socrate n'avait pas des idées bien arrêtées sur les choses de la vie? — Bien au contraire, Socrate était une personne très instruite. Il maîtrisait les sciences courantes de son époque, incluant les mathématiques, la géométrie et l'astronomie. Le Socrate perçu par Xénophon dans son œuvre principale, *Les Mémorables*, enseignait à ses élèves les affaires civiques. Il n'était jamais à court d'idées sur les grandes questions humaines telles que la mort, l'âme, la vertu ou la politique. Ses élèves l'approuvaient et faisaient l'éloge de son enseignement. Alors que signifie sa feinte de ne rien savoir?

En utilisant ce que l'agrégé de philosophie français Jean Lacoste appelle la « pseudonaïveté », c'est-à-dire en feignant l'ignorance, comme dans le dialogue sur le Beau, où Socrate invente un personnage fictif pour prétexter des objections parfois cinglantes à Hippias[25], le Socrate de Platon « provoquait un dédoublement symétrique » chez son interlocuteur. D'un côté, il l'obligeait à se détacher de ses propres convictions, de l'autre, il le renvoyait à ses limites

---

24. Grosse mouche dont la femelle pique les mammifères pour sucer leur sang. On prononce « *TON* ».

25. Voir au 286d et e : « [...] Tout dernièrement, excellent Hippias, je blâmais dans une discussion certaines choses comme laides et j'en approuvais d'autres comme belles, lorsque quelqu'un m'a jeté dans l'embarras en me posant cette question sur un ton brusque : *Dis-moi, Socrate, d'où sais-tu quelles sont les choses qui sont belles et celles qui sont laides? Voyons, peux-tu me dire ce qu'est le beau?* Et moi, pauvre ignorant, j'étais bien embarrassé et hors d'état de lui faire une réponse convenable. »

en remettant en question les hypothèses qu'il avait initialement acceptées. L'interlocuteur devait être en mesure alors de constater les limites de son propre savoir et le caractère dérisoire de ses connaissances actuelles. Or, si celui-ci finissait par trouver la réponse à la question posée par Socrate, c'est qu'elle existait déjà en lui, extraite de la mémoire de son âme. S'il ne trouvait pas, c'est qu'il n'a pu la dé-couvrir encore.

Socrate appliquait à lui-même cette même maïeutique : réfléchir, questionner, discuter, ironiser sur ses propres pensées. Malgré cela, comme dans le dialogue sur le Beau, certains archétypes lui échappaient encore.

LES THÈMES DU *HIPPIAS MAJEUR*

Le dialogue *Hippias Majeur* est un exercice d'argumentation important dans la littérature platonicienne. Nous l'avons précisé plus haut, le Beau est l'un des concepts clés de la philosophie de Platon, car il touche des idées majeures en philosophie. L'archétype, l'essence du Beau, est un élément essentiel du monde intelligible. Il s'oppose, sans le rejeter, à l'esthétique du monde sensible. La maïeutique de Socrate est en effervescence dans son dialogue avec Hippias d'Élis. Socrate questionne, raisonne, argumente, fait des objections, ironise et s'amuse. Mais pas trop, car, en fin de compte, il sera pris dans son propre piège[26]. Lui non plus ne pourra pas définir le Beau et se heurtera à une aporie. Une situation existentielle importante dans la vie, même pour Socrate.

Mais nous sentons également dans ce dialogue la volonté de Platon de montrer la différence entre un philosophe et un sophiste. Il veut démontrer les extravagances, l'éloquence rhétorique, l'autosuffisance du sophiste en comparaison avec l'esprit critique, dubitatif, exploratoire et argumentaire du philosophe.

Le début du dialogue entre Socrate et Hippias semble tirer en longueur. On se demande même ce que Socrate cherche en approchant Hippias de la sorte. Hippias était un sophiste réputé, était-ce la seule raison pour lui « administrer » une maïeutique? — Il semble que oui! Comme à son habitude, Socrate réserve à son interlocuteur des louanges ironiques à peine déguisées pour le mettre à l'aise et attirer sa confiance. Nous constatons au fil des compliments et de la conversation, qu'en réalité, il se paie la tête d'Hippias en tant que pédagogue sophiste des jeunes riches[27].

Finalement, le débat sur le Beau ne débutera qu'à la fin d'un long prologue, comme par hasard. Ici, Hippias loue les beautés des occupations, la beauté des discours, les beaux exercices; il mentionne également l'un de ses discours où il a fait donner par Nestor, roi de Pylos[28], des conseils sur la beauté parfaite. Socrate, qui l'écoutait patiemment discourir sur ses connaissances et ses aptitudes oratoires, trouve finalement l'angle d'attaque.

---

26. Voir au 295a: « [...] Doucement, Hippias; car il est à présumer que nous sommes tombés sur la question du beau dans le même embarras que tout à l'heure, quoique nous pensions avoir trouvé une autre solution. »

27. Voir au 283c: « Ce que tu dis là, Hippias, tient du prodige et me confond. Mais dis-moi : ta science n'a-t-elle pas le pouvoir de perfectionner dans la vertu ceux qui la pratiquent et l'étudient? »

28. Ville située sur la côte occidentale du Péloponnèse.

LE BEAU ET LES BEAUTÉS

Évoquant les interrogations d'un personnage fictif qui l'accompagnera tout au long du dialogue, Socrate, d'une manière pseudonaïve, laissera tomber finalement la question, au 286e : « Enseigne-moi, Hippias, ce que c'est le Beau. »

Nous savons que Socrate cherche la définition archétypale, l'idée supérieure du Beau par laquelle existent toutes les beautés de notre monde. Or, pour atteindre une bonne définition, la logique du bon sens exige le respect de

trois règles[29]. Premièrement, être dans l'universalité, qui comprend l'ensemble de toutes les beautés. Deuxièmement, ne pas répéter les mêmes termes pour expliquer le mot. Troisièmement, expliquer clairement le concept, de manière simple et compréhensible. Nous constaterons au fil de la lecture, que le dialogue se déroule davantage autour des beautés que du Beau, ce qui fait qu'aucun exemple utilisé par Hippias ou Socrate ne répondra à une ou plusieurs des règles de logique précisées plus haut.

Tout fier de lui, Hippias commence par définir le Beau par des exemples et des analogies. Cette manière ne respecte certes pas les règles élémentaires de la définition logique. Il se réfère aux apparences et aux sens pour expliquer sa position à Socrate. De toute évidence, Hippias d'Élis n'a pas compris ce que Socrate cherchait[30].

Il dit d'abord que le Beau est une belle jeune fille. Socrate réagit. Entre une déesse et une belle jeune fille, la déesse est plus belle, n'est-ce pas? Hippias acquiesce à la question apparemment innocente de Socrate. Les deux hommes semblent tomber d'accord alors pour dire que la comparaison des deux beautés féminines met en évidence le caractère relatif de la Beauté.

Hippias tente une nouvelle définition. Le grand sculpteur Phidias n'a-t-il pas bien fait de

La naissance de Vénus de William-Adolphe Bouguereau (1879).

---

29. Nous reprenons les mêmes trois règles tirées de la *Logique de Port-Royal,* utilisées par Jean Lacoste pour l'analyse de ce même dialogue de Platon.

30. Voir au 287d, lorsque Socrate dit : « Néanmoins, fais attention, mon bon ami : il ne te demande pas quelle chose est belle, mais ce qu'est le beau. », Hippias répond : « Et quelle différence y a-t-il de cette question à l'autre ? »

choisir le marbre et l'ivoire à l'or pour façonner le visage d'Athéna? Ces matériaux semblent convenir davantage à la déesse de la beauté, du courage et de la guerre. Mais la convenance esthétique ne peut non plus définir le Beau de la manière recherchée, objectera Socrate, car, une cuillère en bois de figuier est plus convenable qu'une cuillère ordinaire pour mélanger une bonne soupe de légumes. La convenance à son tour ne peut leur fournir la vision globale recherchée. Mais Socrate non plus n'est pas en mesure de cerner la bonne définition. Son analogie avec la cuillère de figuier pour préparer la soupe indique quelque peu son embarras. Il veut éviter de tomber dans le piège qui associe l'utilité de la chose à sa substance. La réfutation de Socrate ici souligne l'importance olfactive et gustative, harmonieuse et énigmatique de la bonne soupe; cependant, cela ne concerne en rien le concept du Beau.

Constatant que ni la convenance ni le relatif ne répondent adéquatement aux critères universels et stables de la Beauté, en bon sophiste, Hippias continue dans la veine des exemples et des comparaisons. La Beauté est alors une vie heureuse, dira-t-il de manière tranchée. Mais alors, rétorquera Socrate, qu'en est-il des belles morts? Les héros meurent pour autre chose que de bien vivre. Socrate prend l'exemple d'Achille qui trouvait beau d'«être enseveli après ses ancêtres» (292e).

C'EST L'APORIE

Le Beau ne serait-il tout simplement qu'une belle chose devant nous, un tableau, un bijou, une belle musique, bref, «ce qui cause plaisir à l'ouïe et à la vue»? Cette fois, c'est Socrate qui risque cette définition, à quoi il interjette lui-même une objection:

> «Mais quoi! Dirions-nous Hippias, que les belles mœurs et les belles lois sont belles parce qu'elles causent du plaisir par l'ouïe ou par la vue?
> — [...] Par le chien! Hippias, [...] je rougirais [...] de divaguer et de faire semblant de dire quelque chose, lorsqu'en effet je ne dis rien qui vaille.» (298b)

La Beauté infinie n'est définitivement pas reliée au plaisir de l'esthétique des sens, même si, comme nous le verrons plus loin, elle y participe.

Comme d'autres dialogues de Socrate, par exemple le *Ménon* sur la vertu, *Hippias Majeur* n'aboutit nulle part. Bref, c'est l'aporie, c'est-à-dire l'incapacité d'arriver à une conclusion sur le sujet. Chez Socrate, les apories sont positives: si le constat d'impuissance est souligné avec résignation, il permet cependant de poser des questions, de chercher des réponses, de constater les limites de chacune d'elles et finalement de faire une pause intellectuelle. La leçon de vie de ce dialogue aporétique est qu'il nous apprend à échanger dans un dialogue exploratoire, sans nécessairement

atteindre une conclusion définitive. C'est le genre de situation que nous pouvons certainement vivre dans nos rencontres, même les plus sérieuses, sans
pour autant devoir désespérer.

Tout dialogue, même aporétique, est utile pour Socrate, puisqu'il permet de
constater au moins la difficulté de saisir certaines vérités. Dans sa dernière
phrase adressée à Hippias, après s'être incliné devant l'évidence, il lance : « Il
me semble du moins, Hippias, que j'ai tiré [ce profit] de mon entretien avec
vous, c'est de comprendre la portée du proverbe : *Les belles choses sont difficiles.* » (304e)

Est-ce donc l'échec de la pensée ? — L'échec est provisoire. La réponse est là.
Il faut prendre le temps de la dé-couvrir. Si ce n'est maintenant, c'est peut-être
plus tard, peut-être dans une autre existence terrestre. Entre-temps, au moins
une certitude apparaît devant cet échec : « Je sais que je ne sais pas ». Il faut
admettre qu'il y a un progrès dans le cheminement aporétique : connaître les
limites de son propre savoir actuel nous rapproche davantage du savoir global
de la réminiscence.

Le Socrate de Xénophon dans *Les Mémorables* considérait trois niveaux de
Beauté : la beauté idéale, qu'on retrouve dans la nature ; la beauté spirituelle,
qu'on contemple dans les arts, particulièrement les sculptures produites par les
artistes, et la beauté utilitaire ou fonctionnelle, comme celle de l'or et du marbre, qui embellit les objets. C'est à peu près ce que nous retrouvons dans le dialogue sur le Beau de Platon entre Socrate et Hippias d'Élis.

Mais le Socrate de Platon va plus loin. Dans ses œuvres tardives, Platon
expose la solution à l'aporie à laquelle s'est buté son maître dans *Hippias
Majeur*. S'inspirant de Pythagore (~580 - ~500), il fait découvrir l'archétype du
Beau dans l'harmonie, la proportion et la splendeur[31].

---

31. Voir ces éléments discutés dans Eco, Umberto (2006). *History of Beauty*. New York,
    Rizzoli, p. 48.

L'IMPORTANCE DU BEAU DANS LA PHILOSOPHIE DE PLATON

La problématique du Beau demeura longtemps dans l'esprit de Platon. Dans *Hippias Majeur*, il présenta son maître se débattant avec un interlocuteur aussi malhabile que lui à définir un concept d'une grande importance pour les Grecs de l'Antiquité. Si Hippias concédait le bien-fondé des objections de Socrate, celui-ci n'arrivait pas lui-même à achever sa réflexion.

ENTRE L'AMOUR ET LE BEAU

Si Socrate n'a pu découvrir le sens de la Beauté en dialoguant avec Hippias d'Élis, c'est la prêtresse Diotime de Mantinée, petite cité grecque située au sud-est de l'Arcadie, au nord de Tégée, qui l'instruira un jour.

Vingt ans après la mort de son maître, Platon mit en scène, dans *Le Banquet*, une de ses œuvres tardives, la prêtresse Diotime conseillant à Socrate de faire appel à une méthode empirique qui lui permettrait de découvrir l'archétype du

Statue d'Apollon. Copie romaine de l'époque impériale d'après un original grec, Musée du Louvre, Paris.

Beau. En substance, Diotime explique que l'expérience physique, esthétique, le conduira à l'expérience métaphysique : un cheminement graduel du sensible vers l'intelligible. L'être humain, dit-elle, doit s'élever progressivement des beautés sensibles vers la Beauté surnaturelle en passant, comme par des échelons, d'un beau corps à deux beaux corps, puis de deux beaux corps à tous les beaux corps. Enfin, des beaux corps aux belles actions, et des belles actions aux belles sciences. De là, il aboutira à la Beauté absolue, pour connaître enfin le Beau tel qu'il est en soi. Alors, la sagesse et la pensée jailliront de l'amour, et de l'amour jaillira le bien et le Beau. Si la vie vaut la peine d'être vécue, c'est à ce moment-là : lorsque l'être humain contemple la Beauté en soi. L'or, la parure, les beaux jeunes gens lui sembleront alors ternes.

La beauté du corps est celle de l'âme. On ne semble pouvoir atteindre la dernière qu'en passant par la première pour comprendre l'archétype du Beau. Pourtant, dans leur dialogue, Hippias, en bon sophiste, s'accrochait aux apparences pour définir le Beau ; et c'est d'elles que Socrate n'arrivait pas à se défaire.

LE BEAU, LE BIEN ET LE BON

Passer par l'amour pour accéder au Beau représente un intérêt particulier dans le contexte de la philosophie platonicienne, puisqu'il est la seule passion qui mette dans un même lieu à la fois le sensible et l'intelligible. Comme Platon écrit dans *Phèdre*, « l'Amour [est] [...] d'origine divine ».

Explorons rapidement la relation entre le Beau, le Bien et le Bon. Il existe, chez Platon, deux niveaux du Bien, du Beau et du Bon, même si tous les deux ont essentiellement la même essence : un niveau mondain, social, et un niveau métaphysique, intelligible.

L'amour charnel, qui se caractérise par le manque et la soif d'assouvir les besoins du corps, est provoqué par les beautés sensuelles. L'amour sensuel évolue graduellement en un amour transcendant, où le corps et l'individualité de la personne disparaissent au profit de l'amour universel, désintéressé. Là réside la véritable Beauté, disions-nous plus haut. Conjugué à la plénitude et à la satisfaction des désirs, l'amour devient le moteur de la recherche dynamique du Bien sur le plan social.

Rappelons-nous que la justice, pour Platon, se situe entre la raison, qui subordonne les désirs de l'être humain, et son courage. Ce qui est bien est ce qui est juste ; c'est l'action qui fait éviter la douleur et la méchanceté de l'âme. Socialement parlant, « c'est rendre à chacun son dû », comme payer pour son crime selon les lois, car la justice relève de l'amour de la sagesse et de la vérité, qui sont bonnes et belles en soi. Alors, ce qui est bon, c'est l'action juste, et une action juste est belle et bonne.

Étant le Bien, le Bon, le Beau et le Juste, l'Amour devient une force créatrice qui nous conduit à chercher les actions bonnes, belles et justes. Alors, nous pouvons vivre intérieurement, au niveau psychique et spirituel, de manière élevée, juste et harmonieuse sur le plan social.

L'AMOUR PLATONIQUE

L'amour platonique est un amour vrai! Il existe une certaine confusion à clarifier à ce sujet. L'amour platonique n'est pas dépourvu de sensualité. Au contraire, la prêtresse Diotime nous l'a dit, la sensualité est nécessaire pour accéder aux niveaux supérieurs de l'Amour et de la Beauté éternels. Dans l'amour platonique, on aime l'essence de la personne, peu importe qui elle est. On part des sens pour, graduellement, atteindre l'essence.

Le film de Jeremy Leven, *Don Juan DeMarco*, avec Johnny Depp, inspiré par la chanson de Bryan Adam, *Have You Ever Really Loved A Woman?* illustre un exemple d'*amour platonique* où l'amour se mêle à la beauté : l'un et l'autre y sont vécus dans des dimensions abstraites. Don Juan aime toutes les femmes. Il entretient des relations idéalisées avec chacune d'elles, ce qui leur procure un bien-être mutuel. Illusion ou réalité? Qu'est-ce que la réalité?

LE BEAU DANS L'ÂME ET LES CHOSES

Considérons la problématique du Beau de plus près. Nous savons maintenant que pour Platon, en dépassant l'apparence, nous dé-couvrirons tôt ou tard l'essence d'une chose, son être. Mais, est-il possible, pour un artiste ou un poète, d'exprimer l'essence du Beau de façon à ce qu'elle soit saisie par tout le monde de la même manière? Retenons l'exemple de l'artiste peintre.

Ce que le peintre regarde et ressent devant une chose qu'il observe est l'expression de son être intime d'artiste, interprétée d'une manière originale à travers son coup de pinceau placé au bon endroit sur la toile. Un tableau artistique peut donc être beau pour l'un, mais pas pour l'autre.

Devant cette opposition de perception, est-il possible alors que l'essence de la Beauté ne dépende ni de l'espace ni du temps? La condition intérieure d'une personne peut certes conditionner sa perception esthétique, puisque sa conception esthétique est subjective et dépend, dans une large mesure, de l'époque et de la culture de l'artiste. Le tableau ne serait donc qu'une reproduction médiocre de ce qu'il tente de re-présenter (présenter à nouveau). – Platon le pensait certainement!

En effet, en copiant fidèlement la nature sur une toile, l'artiste ne produit pas le Beau dans son œuvre, même si celle-ci est belle à l'œil. La beauté ainsi recopiée lui échappera encore. Pour Platon, l'artiste doit choisir les éléments qui vont l'aider à reconstituer l'âme, l'essence de ce qu'il veut reproduire. Ce choix suppose que l'artiste ait une conception préexistante qui le rendrait apte à distinguer ce qui est beau de ce qui ne l'est pas. Dans l'œuvre d'art, l'essentiel est de reproduire le caractère intérieur de son sujet. Le Beau véritable est ce qui élève l'âme et qui provoque en elle l'émerveillement et l'enchantement. En ce sens, le Beau est alors également Bon, dans ce qu'il est et dans ce qu'il produit en nous comme émotion. Les beautés du monde dont il est question dans le dialogue entre Socrate et Hippias ne sont alors que mimiques et reflets lointains de la lumière divine. En effet, ce dialogue introduit directement la pensée grecque sur le Beau qui inspirera de grandes réflexions sur le sujet.

Pour comprendre l'idée de Platon, attardons-nous un instant sur l'analyse que fait Martin Heidegger de *Paire de chaussures*, œuvre de Van Gogh dépeignant des souliers de paysan. Les souliers représentés sur la toile, nous dit Heidegger, font apparaître l'éclosion progressive de son être. Il faut pénétrer l'œuvre en la contemplant pour que la vérité de ce qu'elle est soit « mise en œuvre ». Ce n'est pas du mimétisme (reproduction mimétique) des souliers, « mais plutôt la restitution en elle d'une commune présence des choses ». Les souliers doivent, pour ainsi dire, représenter l'essence de tous les souliers. Autrement, ce ne sont pas de « vrais » souliers.

Ceci n'est pas le célèbre tableau de Van Gogh.

Paire de chaussures de Vincent Van Gogh (1886).

LA RÉSONANCE ACTUELLE DU *HIPPIAS MAJEUR*

Le Beau a toujours obsédé les hommes de toutes les époques et de toutes les civilisations. Il attise, fascine, intrigue et touche intimement l'individu. Il peut être source de joie, de tristesse, de narcissisme et même d'injustice. À travers de belles et parfois curieuses manifestations, l'homme d'aujourd'hui va loin dans l'expression de ses sentiments esthétiques. Le postmodernisme du 20e siècle verra naître la « beauté mosaïque », c'est-à-dire des expressions de beautés sans normes, qui reflètent la liberté de pensée sans borne et la diversité culturelle en osmose, particulièrement depuis l'avènement de la mondialisation économique, des nouvelles technologies de communications et de la robotique.

Devant cette dictature de l'esthétisme, certains ont compris que l'individu est en perdition et que la beauté du Beau se trouve dans le cœur et l'âme. Pour combler leur être intérieur, ils chercheront la beauté dans l'action altruiste.

LE BEAU ET LA MUSE

S'il faillait résumer le sentiment des poètes, des artistes ou des philosophes sur la Beauté, nous reconstituerions le poème de Baudelaire (1821-1867), « Hymne à la Beauté », dans *Les fleurs du mal*, en un seul vers :

> « De Satan ou de Dieu, qu'importe? Ange ou Sirène,
> Qu'importe, si tu rends, — fée aux yeux de velours,
> Rythme, parfum, lueur, ô mon unique reine! —
> L'univers moins hideux et les instants moins lourds? »

Le concept du Beau n'est pas facilement saisissable. Il faut passer par les beautés singulières, les apparences, l'esthétique, pour tenter de saisir à peine sa profondeur. L'esthétique est physique, elle est mesurable, appréciable. Le Beau est métaphysique ; tout ce qui est métaphysique n'est pas toujours définissable de manière satisfaisante. Plusieurs penseurs ont tenté de définir le concept du Beau, nous en prenons note sans trop de conviction ; on retient quelques idées ici et là pour s'en faire une pensée cohérente, mais à peine !

Au fil des idées bien structurées et hermétiques à la Kant (1724-1804), anarchistes et exaltées par l'énergie vitale de la Beauté dionysiaque à la Nietzsche, ou, finalement, poétiques et « sages » à la chinoise, nous pouvons, néanmoins, risquer une définition, partielle précisons-le, de ce que veut dire être beau. Est beau cela qui se révèle, touche et transcende l'âme, procurant à celui qui le capte une satisfaction désintéressée.

Dans la beauté objective, celle qui reproduit une silhouette, une sculpture ou un fleuve coulant au pied d'une montagne, l'artiste, amant du Beau, pressent la « muse » comme une « main divine ». Pour les Grecs de l'Antiquité, c'est « la vraie main divine » qui guidait l'artiste. L'artiste grec sculptait d'abord et avant tout le corps divin et humain, idéal de Beauté et objet de désir. Aussi, par ses manifestations multiples, la vraie Beauté exprimera l'unité de l'être et du paraître.

Le corps humain, en particulier celui de la femme, a suscité de tout temps un grand intérêt artistique. Le mâle humain est sensible à la beauté du corps féminin : elle est l'objet de son désir, de sa convoitise, voire de son obsession. Pour paraphraser le sociologue italien Francesco Alberoni, on pourrait dire que pour un homme, aimer une femme, c'est également aimer son corps érotique. Alors, il l'a reproduit en rêve, en tableau, en sculpture et en poésie. Dans *Les Pas*, Paul Valéry (1871-1945) écrivait à sa dulcinée :

« Si, de tes lèvres avancées,
Tu prépares pour l'apaiser,
À l'habitant de mes pensées
La nourriture d'un baiser,

Ne hâte pas cet acte tendre,
Douceur d'être et de n'être pas,
Car j'ai vécu de vous attendre,
Et mon cœur n'était que vos pas. »

LA BEAUTÉ SOLITUDE

Si l'homme peut être charmeur, la femme peut être séductrice. Elle prendra alors mille visages et transformera son corps en une planche artistique à modeler et orner au rythme de la perception fragmentaire de son propre être. Quel désarroi pour certaines féministes! Et l'homme voulut faire comme la femme!

En effet, le phénomène « métrosexuel », né au début des années 1990, présente un homme nouveau, préoccupé de son apparence. Celui-ci se manifeste par le maquillage raffiné, la peau satinée, la poitrine rasée, les bijoux et une nouvelle élégance vestimentaire ; tout y passe pour prendre soin de son corps et de son look. Urbain et branché, le masculin veut s'approprier une part de la beauté féminine déjà excédée par tant de sollicitations sociales et artistiques.

Homme et femme sont à la recherche de la beauté idéalisée qui leur permettrait d'être quelqu'un, car, enfin, « pourquoi seriez-vous sur terre ce que vous êtes? quand, au lieu d'être vous-même, vous pouvez être une centaine, ou un millier, ou une centaine de mille de milliers d'autres gens!», lançait le poète et écrivain américain E.E. Cummings (1894-1962) dans *Six inconférences*. Or, moyennant quelques sommes d'argent, la technologie et la science nous permettent d'acheter les apparences de notre choix.

L'être humain des 20ᵉ et 21ᵉ siècles se transforme de manière artificielle. Il se disjoint de son «Je» pour se confondre au «On», dira Heidegger, espace commun et impersonnel où il s'égare en tant que personne dans la masse sociale qui lui dicte son apparence et son être. Le «Je» authentique est arraché à son individualité et projeté dans un ensemble désuni, où ses relations avec l'autre, «fragmentaires et parcellaires», pour utiliser une expression du romancier et scénariste John Irving dans le *Choc du futur*, s'établissent en fonction d'intérêts particuliers.

L'être humain, anonyme et solitaire, est pourtant conditionné par une société qui l'oblige à être un individualiste normé (voir Thierry Paquot, *De la Solitude à l'exclusion*) et désincarné. Il se trouve maintenant face à un autrui, lui aussi absorbé par la masse, sans identité particulière, qui le regarde, l'observe et projette sur lui ses propres perceptions. Et l'autre devient mon miroir et mon enfer, dira le philosophe français Jean-Paul Sartre (1905-1980) dans *Huis clos*.

Le corps de l'être humain est d'abord un objet social. Il est pris en main par autrui dès la naissance. Un jour, possiblement, l'individu s'appropriera son corps, il en sera responsable, mais il devra alors le dresser, le transformer et le décorer selon les convenances.

Linda Tripp, figure importante dans le scandale présidentiel américain Clinton-Lewinsky en 1999, n'a pu supporter les images de son propre visage véhiculées dans les médias du monde. Mme Tripp entreprit donc, moyennant 30 000 dollars américains offerts par un «philanthrope», de refaire son nez, ses yeux, et de procéder à une liposuccion au menton. Elle est plus satisfaite de son apparence, maintenant que «l'autre» la trouve plus acceptable!

LE CORPS OPTIMISÉ

Nous vivons aujourd'hui, cependant, de manière commercialisée et industrialisée, une renaissance de la beauté du corps semblable à celle qui fascinait les Grecs de l'Antiquité. Le corps optimisé est de rigueur. Il est un des canons de la beauté de notre histoire contemporaine[32]. L'idéologie de la santé physique est le reflet de la culture du sport, cristallisée autour du corps svelte et athlétique: gymnastique, culturisme, bonne nutrition, régimes alimentaires, suppléments vitaminiques et protéiniques, stéroïdes, chirurgies esthétiques, tatouages, tout y passe pour démontrer son affirmation personnelle sur son corps, quelque peu décevant, quelque part inapte à remplir sa propre convoitise.

---

32. Le philosophe français Yves Michaud parle plutôt de corps mécanisé. Voir Michaud, Yves (2006). «Visualisations. Le corps et les arts visuels» in *Collectifs. Histoire du corps, 3ᵉ tome*. Paris, Seuil.

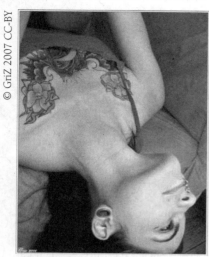

Démontrer son affirmation personnelle sur son corps.

Il faut griffer son corps pour devenir possiblement soi-même, avec la complicité des sciences, des technologies et des pseudosciences.

N'est-ce pas la nouvelle dictature du beau, qui s'impose à l'individu et qui le conduit à traiter son corps comme un adversaire à soumettre? Michaela Marzano, philosophe au *Centre de recherche sens, éthique et société* de l'université Paris V, souligne avec justesse que nous n'acceptons notre corps que dans la mesure où il ne nous trouble pas avec ses «excès» de graisses, ses souffrances, ses maladies. Il est un objet, un élément du monde extérieur qui dérange lorsqu'il ne fonctionne pas comme on le souhaiterait.

Cependant, le corps optimisé n'a pas toujours su charmer. On peut penser que certains grands artistes du 20e siècle, au contraire, le dénigraient! Le regard réfractaire d'un Picasso ou d'un Dali, par exemple, a démantelé puis reconstitué le corps dans une Beauté surréaliste, fantaisiste, où l'harmonie et la proportion ont perdu tous les points de repère classiques. Et nous sommes toujours ébahis devant ce corps violenté sur la toile, altéré par rapport à son état naturel; nous contemplons et nous applaudissons cet anarchisme artistique, et nous le voyons beau, car, enfin, il exprime une esthétique sans norme de l'*imago*[33] psychologique.

FACE AU VIDE PSYCHIQUE
OU ÊTRE-SOI-MÊME-EN-FACE-DE-SOI-MÊME

Mais la «beauté mosaïque» contient également un fragment impressionnant. Parallèlement à la beauté de la déforme surréaliste qui a prédominé une bonne partie du 20e siècle, les nouvelles technologies nous offrent une beauté féerique: le *glamour* des artistes et des top-modèles, les robes et les maquillages des mannequins, les super-vedettes du cinéma et de la télévision. Le flash du monde de rêve est offert à grande échelle, en proportion presque boulimique: le corps virtuel s'oppose au corps réel où tout est permis pour cacher son visage, son apparence, et pour échapper à une réalité de soi qu'on renie.

---

33. L'*imago* désigne une survivance imaginaire, déformée et inconsciente, des relations du sujet avec les expériences vécues au sein de la famille.

L'être-soi-même-en-face-de-l'autre supplante ce que Sophie Marinopoulos, psychanalyste française, appelle le corps psychique de l'être-soi-même-en-face-de-soi-même. Le corps psychique se trouve à l'intérieur de soi, en attente d'une reconnaissance qui lui permettrait de vivre librement ses propres besoins. Il est en contact direct avec le rythme émotionnel et l'image de soi. Par exemple, être rassasié après un repas n'est qu'une des deux étapes. La deuxième étape, celle que nous négligeons souvent, est d'avoir le sentiment de bien-être au fond de son corps : l'état d'un corps apaisé, qui n'est pas captif d'une culpabilité ou d'un malaise pour avoir satisfait sa faim. L'image intérieure est au-delà de la satisfaction des besoins primaires, elle est « l'aptitude pour le corps à se mettre au repos, au-delà du plaisir ». Être une belle personne, c'est dégager l'apparence de justesse d'un corps qui unit le physique et le psychique.

Certaines superstars ont compris le besoin de remplir le vide créé par les flashs médiatiques artificiels. L'image de la beauté physique ne pouvait plus satisfaire leurs aspirations et leur besoin d'une véritable beauté intérieure. Les actions sociales venaient mieux combler leur soif d'être des êtres humains conscients des limites et du caractère éphémère de la beauté esthétique. Nanties de leur gloire sociale et de leur argent, plusieurs superstars, comme Angelina Jolie, Oprah Winfrey ou Melina Mercoúri en Grèce, se sont consacrées à des actions politiques ou à des œuvres humanitaires à l'échelle nationale et internationale. Elle-même en ayant été victime, le top modèle somalien Waris Dirie est devenue ambassadrice du combat contre les mutilations sexuelles féminines partout dans le monde. Les célèbres combats pour la protection des animaux de l'ancienne « sexe symbole » du cinéma français, Brigitte Bardot, ont conscientisé davantage les populations européennes et canadiennes à l'égard de la chasse aux blanchons pour des fins commerciales. À un niveau plus marquant, Ronald Reagan, acteur sans grand succès, est devenu gouverneur de la Californie en 1970, et, de là, en 1981, l'un des présidents les plus influents des États-Unis! Enfin, Monsieur Olympia en 1980 et acteur depuis 1970, Arnold Schwarzenegger se fait élire en 2003 gouverneur de la Californie, un des États les plus peuplés et prospères des États-Unis.

DE LA BEAUTÉ CINÉMATOGRAPHIQUE AUX CAUSES SOCIALES

Sur le plan cinématographique, un autre fragment s'est ajouté à la mosaïque du beau. Les producteurs nous ont permis d'admirer la beauté des effets visuels les plus épatants bien sûr, que ce soit dans les *Star Wars* (1977-2008), *le Seigneur des anneaux* (2001-2003) ou *Titanic* (1997). Toutefois, plusieurs d'entre eux ont profité de leur talent pour dépasser la beauté du paraître. En effet, à travers l'art et la technologie, ils ont trouvé le moyen de conjuguer à merveille la morale à la beauté. Ils pouvaient désormais communiquer leurs visions du monde et

Charlie Chaplin (1889-1977).
Quand la vision artistique et esthétique rejoint la conscience morale.

transmettre des messages sociaux, politiques, psychologiques et même philosophiques percutants. Pensons à *Matrix* (*La
Matrice*, 1999), le film de science fiction de
Andy et Larry Wachowski, qui a évoqué
dans l'esprit de plusieurs l'*Allégorie de la
caverne* de Platon : des hommes emprison-
nés dans un monde illusoire tentent de s'en
libérer pour vivre dans la vérité, la source
de leur propre existence. Cette manière
d'utiliser l'art cinématographique pour faire
de l'idéologie politique attire de plus en
plus d'audiences.

Charlie Chaplin, en 1936, dans le film *Les
Temps modernes*, nous présente un homme
pris dans l'engrenage d'une machine, symbole de son esclavage social et économique.
En effet, le dernier film de Chaplin avant la
Deuxième Guerre mondiale dénonçait une tragédie sociale et mettait en cause le
système économique de son époque.

Sur le plan moral, de manière prévoyante, Chaplin anticipait et dénonçait
déjà une situation sociale qui, depuis lors, a pris des dimensions presque
pathologiques avec le taux impressionnant de suicides et de dépressions dans
les sociétés industrialisées.

Plus près de nous, Denis Arcand, en utilisant l'attrait d'une belle technique
cinématographique, des dialogues soutenus et des acteurs de calibre, exprime
ses propres analyses sociopolitiques du Québec. Dans le film *Le déclin de
l'empire américain* (1986), il met en évidence les relations difficiles que les
Québécois des années 1980, désormais libérés de l'emprise de la morale
religieuse chrétienne, vivent avec leur propre corps. Arcand trouve que la
recherche du bonheur personnel, caractéristique de notre époque, basée sur
l'égoïsme, l'égocentrisme, la promiscuité et le mensonge, est le symptôme d'une
civilisation en déclin, comme à l'époque de Rome antique, de l'Ancien Régime
français au 18ᵉ siècle et de l'« empire américain » aujourd'hui. Trente ans plus
tard, nous retrouvons les mêmes personnages vieillis et plus matures du *Déclin
de l'empire américain* qui évoluent dans un autre film, *Les invasions barbares*
(2006). Ici, Denis Arcand présente une critique stridente du système de santé
au Québec et une position controversée sur l'euthanasie.

L'apport du cinéma de répertoire n'est pas non plus négligeable. L'originali-
té artistique devient un prétexte pour exposer, dénoncer et critiquer des
situations humaines et sociales. Par exemple, *Dogville* (2003) de Lars Von

Trier, qui, dans un décor simpliste d'une beauté exquise, dénonce le grégarisme et l'individualisme humain comme source d'injustice et de crime.

BEAUTÉ VIRTUELLE, BEAUTÉ MÉCANIQUE

D'autres fragments font partie de la mosaïque du beau postmoderne, les beautés virtuelles et mécaniques : les ordinateurs, les nanotechnologies, les robots à multiples fonctions, d'une allure

Le monde virtuel : un nouvel espace pour réinventer son corps et la beauté ?

presque humaine, etc. En effet, face à la montée fulgurante du monde virtuel et robotique, certains se demandent que faire au juste du corps humain ! En regardant la carapace charnelle de l'homme qui vieillit, se dégrade et devient source de déception et de frustration, on ne peut s'empêcher de se poser la question sur sa nécessité d'être : pourquoi ne pas remplacer le corps par un soi psychique sans chair ?

Les mondes merveilleux du Web et de la cyberculture nous invitent à saisir, dans le sens général et singulier — prendre et comprendre —, cette opportunité pour vivre sans corps. Les jeux innombrables sur les identités ne sont possibles que grâce à la disparition du visage. C'est la beauté des nouvelles technologies qui permet à l'homme d'être au profit du paraître.

Certains, comme Gerald Jay Sussman, de l'*Institut de technologie du Massachusetts*, vont plus loin encore. Selon Sussman, la machine qui contiendrait l'esprit humain serait l'être humain lui-même ; que le diable emporte le corps, il est sans intérêt, une machine pourrait mieux faire que lui, en plus de durer éternellement. Même si elle s'arrêtait, nous pourrions toujours nous sauvegarder sur un cédérom et nous débiter dans un autre appareil. Devant le désir d'immortalité de l'être humain, Sussman ajoute : « Je crains malheureusement que nous ne soyons la dernière génération à mourir. » C'est le corps manquant !

Hans Moravec, du *Robotic Institute Carnegie Mellon*, renchérit : nous entrons dans une ère « postbiologique », affirme-t-il, les robots pensants, infiniment plus complexes et plus efficaces que l'homme, ne se distingueront plus de lui sinon par leur perfection technique. Le corps sera-t-il abandonné ? — Il existera « un monde dans lequel le genre humain sera balayé par une mutation culturelle et détrôné par sa propre progéniture artificielle ». Quelle beauté ! Ce pronostic, pessimiste pour certains, fictif pour d'autres, n'est peut-être pas aussi absurde qu'on voudrait le croire. Les avancées technologiques et scientifiques du 20ᵉ siècle en ont démenti plusieurs. Grâce à l'imaginaire sans fin de l'être humain, les technologies modernes ont permis de créer des beautés à profusion.

La révolution technologique du 20ᵉ siècle a confirmé une nouvelle dimension dans les canons de la beauté, la beauté technologique dans toutes ses envergures : mécanique, médiatique et promotionnelle. C'est bien l'écrivain français et sémiologue (spécialiste des systèmes des signes) Roland Barthes (1915-1980) qui, déjà en 1957, croyait que l'automobile est équivalente, en terme de beauté, à une grande cathédrale gothique, à une déesse tombant du ciel. Qui ne s'est extasié devant la nerveuse Ferrari, ou la somptueuse Rolls-Royce ? Initiateur du mouvement littéraire du Futurisme, l'italien Filippo Tommaso Marinetti (1876-1944) trouvait déjà dans les années 1940 qu'une course automobile était plus belle que la statue de *La Victoire de Samothrace*.

Une course automobile est-elle plus belle ?

La Victoire de Samothrace (~190), exposée au Louvre, Paris.

CONCLUSION

Socrate nous met en garde, ne confondons pas essence et apparence : le Beau n'est pas la beauté. Le Beau est un archétype, concept supérieur, général et immuable, qui a une connotation spirituelle. La beauté est le reflet du sentiment esthétique, elle est l'apparence du Beau.

Quand Alcibiade, dans *Le Banquet* de Platon, étale ses états d'âme devant les convives au sujet de son compagnon d'armes, Socrate, nous avons l'impression qu'il s'adresse également à notre postmodernisme. Alcibiade découvre que sous l'apparence de *Silène*[34] de Socrate, il y a « une beauté pure, simple, sans mélange, [...] la beauté divine elle-même » ; il lui paraît impossible de lui résister. En effet, Alcibiade le beau s'est épris de Socrate le laid. Et Socrate aussi est tombé amoureux d'Alcibiade, car comme l'avait démontré la prêtresse Diotime de Mantinée, l'amour conduit au Beau. Mais le temps joue dans ce procédé. Socrate le sait quand il use de sa sagesse pour modérer les ardeurs de jeunesse de son élève : « Mais, bon jeune homme, regardes-y de plus près [...]. Les yeux de l'esprit ne commencent guère à devenir clairvoyants qu'à l'époque où ceux du corps s'affaiblissent, et tu es encore loin de ce moment. » (219a)

La beauté au 20ᵉ siècle, et en ce début du 21ᵉ siècle, semble avoir perdu ses repères historiques classiques. Elle est aujourd'hui non seulement un outil de séduction, mais également un vecteur de promotions, de propagandes et de convictions, reflet des progrès techniques et scientifiques, mais particulièrement le reflet d'une mondialisation de plus en plus grandissante où les cultures se côtoient, se mêlent et se repoussent mutuellement en même temps.

Un dialogue philosophique n'a de portée que s'il peut nous éclairer sur des dimensions présentes de notre vie. La résonance actuelle du *Hippias Majeur* nous indique qu'en effet, au-delà de la *beauté mosaïque* qui caractérise notre postmodernisme, nous sommes toujours en quête du véritable sens du Beau. Umberto Eco concluait avec justesse son ouvrage sur l'*Histoire de la beauté* de manière caustique : « Un chercheur du futur baisserait les bras devant l'orgie de tolérance, le syncrétisme[35] et l'absolu et imparable polythéisme du beau à notre époque. »

Face à cet éclatement esthétique, Platon soufflerait probablement à nos oreilles de garder à l'esprit que « le Beau, c'est la splendeur du vrai » et « qu'il existe un Beau en soi qui orne toutes les autres choses et les fait paraître belles quand [la] forme s'y est ajoutée. »

---

34. Selon les auteurs, Silène était considéré comme le fils de Pan, d'Hermès, ou bien d'Ouranos. D'une immense sagesse, il avait été le père adoptif et le précepteur du dieu Dionysos.

35. Syncrétisme : fusion de doctrines formant un tout cohérent.

QUESTIONS D'ANALYSE ET DE SYNTHÈSE

ANALYSE ET COMPRÉHENSION

1. Quelle est l'importance du concept du Beau en philosophie et quelle est sa relation avec le dialogue de Platon *Hippias Majeur*?

2. Que signifie le « Socrate de Platon » et en quoi se distingue-t-il des « autres » Socrate?
   - Quel rôle Socrate a-t-il joué dans la vie intellectuelle hellénique et dans l'œuvre de Platon?
   - Pourquoi est-ce important de situer le dialogue *Hippias Majeur* parmi les œuvres de jeunesse de Platon?

3. Pourquoi Socrate, même auprès de ses élèves, se sentait-il passablement incompris?
   - Décrivez également comment Socrate était perçu à son époque.

4. Comment Socrate est-il arrivé à comprendre le message de la Pythie au sujet de sa sagesse? À partir de ce moment-là, de quelle mission s'est-il senti investi auprès de ses concitoyens?

5. « Je sais que je ne sais rien » et « Connais-toi toi-même et tu connaîtras l'Univers et les Dieux ».
   - Expliquez ces deux assertions tout mettant chacune dans son contexte.
   - Établissez la relation entre elles (parmi les éléments à considérer: la vérité et l'ignorance).

6. Qu'est-ce qui causait l'exaspération de Socrate à l'égard de ses concitoyens?

7. Faites la distinction entre le monde sensible et le monde intelligible chez Platon. Établissez ensuite leurs corollaires avec l'être et le paraître et le dualisme de Platon.

8. Quel est le Bien suprême pour le Socrate de Platon et comment peut-on l'atteindre? Identifiez également la fonction du *logos* dans ce cheminement.

9. De quoi est constitué le monde des Idées de Platon? Y a-il une raison pour laquelle l'être humain doit le prendre en considération dans sa démarche philosophique? (Éléments à considérer : archétypes, réminiscence, réincarnation, l'être humain libéré.)

10. Quel est le rôle social et spirituel de la vertu selon Platon?

11. Nommez et décrivez la méthode de Socrate pour faire accoucher les esprits des vérités qu'ils renferment?

12. Comment Platon établit-il la relation entre le Beau, le Bon et le Bien?

13. Qui était Hippias d'Élis et pourquoi Socrate a voulu dialoguer avec lui sur le Beau?
    • Expliquez, du même coup, quelle sorte de beauté recherchait Socrate quand il dialoguait avec Hippias d'Élis.

14. Expliquez les objections que fait Socrate aux définitions suivantes du Beau. Indiquez les erreurs de logique que fait Hippias :
    a) une belle femme (esthétique) ;
    b) l'or embellit les choses (utilité et convenance) ;
    c) une belle vie : être riche et fort (prestige et apparence) ;
    d) une belle mort (valeur sociale) ;
    e) ce qui cause plaisir à l'ouïe et à la vue (Socrate s'était surpris à errer quand il a risqué cette définition).

15. À quelle définition du Beau arrivent finalement Hippias et Socrate? Expliquez votre réponse et son importance dans le contexte de la théorie des Idées de Platon.

16. Quelle est la réponse que la prêtresse Diotime de Mantinée donnera au Socrate de Platon quand il la questionnera sur le Beau?

PISTES DE RÉFLEXION

Vous êtes appelé, entre autres, à prendre position de manière argumentée (sujet, problématique, thèse, arguments principaux, arguments secondaires et conclusion). Vous pourriez inclure une contre-argumentation et prévoir des objections dans votre argumentaire.

1. Expliquez les implications philosophiques du concept du dualisme chez Platon et son importance actuelle.

2. Dites pourquoi Socrate croyait nécessaire de comprendre et de définir la vertu pour vivre de manière vertueuse. Partagez-vous cette position?

3. À quoi sert un dialogue aporétique? Serait-il utile dans votre vie personnelle?

4. Quelles sont les fins métaphysiques ou spirituelles que Socrate cherchait en utilisant la maïeutique?
   • Croyez-vous que notre époque est sensible à cette recherche?
   • Dans quels champs du savoir la méthode socratique pourrait-elle être utile aujourd'hui?

5. Le monde intelligible, le monde des Idées et la théorie de la connaissance de Platon ont-ils un sens pour vous?

6. Beau et beauté ont-ils le même sens pour Socrate? Qu'en est-il pour vous?

7. Pensez-vous qu'il existe réellement une relation entre l'amour et le Beau, comme le soutient Platon?

8. Selon Platon, l'artiste ne reproduit pas véritablement le Beau dans son œuvre. Expliquez cette position et donnez votre opinion.

9. « Le corps de l'homme est d'abord un objet social. » Que pensez-vous de cette assertion dans le contexte où l'être humain, anonyme et solitaire, est conditionné par une société qui l'oblige à être un individualiste normé et désincarné?

10. Que pensez-vous de l'affirmation de la philosophe Michaela Marzano, selon laquelle il existe une nouvelle dictature du beau, qui s'impose à l'individu et le conduit à traiter son corps comme un adversaire à soumettre?

11. Que pensez-vous, par exemple, de l'art cubiste d'un Picasso ou surréaliste d'un Dali qui démantèle puis reconstitue les corps pour créer de nouvelles visions de la beauté?

12. Quelle est la place du beau dans votre vie? Expliquez et défendez quelques-uns de vos critères de beauté.

Pour répondre aux questions suivantes, vous devez également justifier votre concep-
tion du Beau dans votre argumentation.

13. Pensez-vous que les beautés mécaniques ou virtuelles peuvent remplacer ou concurrencer la beauté naturelle?

14. D'après vous, les arts cinématographiques et dramatiques peuvent-ils exprimer le véritable Beau que cherchait Socrate? Discutez à partir de vos propres exemples.

15. Peut-on parler de beau en science? Cette question évoque par exemple aussi bien les manipulations génétiques ou les nanotechnologies que l'astrophysique.

16. Que pensez-vous du fait que Roland Barthes estimait que l'automobile est l'équivalent, en terme de beauté, d'une grande cathédrale gothique, d'une déesse tombant du ciel? Peut-on alors parler d'une belle joute sportive, par exemple?

RECHERCHES ET SYNTHÈSE

1. Observez deux à trois tableaux ou sculptures de styles différents et dites en quoi l'un se distingue de l'autre du point de vue de la beauté et du Beau. Pour vous aider, consultez un portail en ligne sur l'art, tel que celui-ci : <fr.wikipedia.org/wiki/Portail:Arts>. Répondez ensuite à la question suivante : quand une œuvre d'art peut-elle refléter réellement le Beau?

2. Comparez (rapprochements et distinctions) les canons de la beauté esthé-tique classique et postmoderne. Prenez position.

3. Socrate a été condamné à mort pour ses idées et son implication dans l'évolution de son peuple. À quoi ressemblerait un Socrate au 21ᵉ siècle? Comment valoriserait-on les personnes qui peuvent avoir les mêmes intentions altruistes que lui? Croyez-vous que Socrate serait mieux traité à notre époque qu'à la sienne?

4. Croyez-vous que la théorie de la connaissance de Platon est défendable aujourd'hui?

5. Socrate disait que celui qui saurait ce qu'est le bien ne ferait que le bien ; c'est l'ignorance de la vérité qui amène l'être humain à faire le mal. Comment soutenir l'idée qu'un criminel est un individu ignorant alors qu'il sait ce qu'il fait ? Doit-on lui pardonner, l'exonérer, et lui permettre de s'élever intérieurement en découvrant la vérité socratique ? Comment traiter les personnes qui font le mal ?

6. Visionnez un documentaire ou film, par exemple *Le pardon* de Denis Boivin ou *La matrice* de Andy et Larry Wachowski, en gardant à l'esprit les positions sur la beauté morale et esthétique exprimées dans le *Hippias Majeur*.
   • Commentez le sens de la beauté dans le film retenu (comme *Le pardon*).
   • Établissez un parallèle entre le film envisagé (comme *La matrice*) et les mondes sensible et intelligible de Platon.

7. Êtes-vous d'accord avec Socrate quand il dit qu'il est impossible de vivre heureux si l'on n'agit pas selon la raison et nos convictions ? Discutez de la place qu'on devrait faire au non-rationnel dans notre vie (émotions, intuitions, etc.).

8. L'être humain contemporain, homme ou femme, met beaucoup d'énergie à remodeler son apparence pour paraître plus satisfaisant à l'œil d'autrui. D'après vous,
   • Quelle importance doit-on accorder à l'apparence ?
   • Quelle place l'être humain doit-il faire à « l'être-dans-le-monde-en-face-de-soi opposé à l'être-dans-le-monde-en-face-de-l'autre » ?

Entouré des beautés de la vie, l'être humain recherche les vérités éclairées par le Bien. ***Moulin sous le soleil*** par Edwige Farès (2006).

HIPPIAS MAJEUR
OU
SUR LE BEAU

PROLOGUE

SOCRATE : **(281a)** Ô sage et excellent Hippias, comme il y a longtemps que tu n'es pas venu nous voir à Athènes!

HIPPIAS : En vérité, c'est que je n'en ai pas le loisir, Socrate ; car toutes les fois qu'**Élis** a quelque affaire à traiter avec une autre cité, c'est toujours à moi le premier qu'elle s'adresse parmi les citoyens, et moi qu'elle choisit pour ambassadeur, estimant que je suis le plus capable de juger et de rapporter les réponses **(281b)** que chaque cité peut faire. J'ai donc été souvent en ambassade dans différentes villes, mais le plus souvent et pour les plus grandes affaires à **Lacédémone**. C'est pour cette raison, puisque tu tiens à le savoir, qu'on ne me voit pas souvent ici.

SOCRATE : Voilà ce que c'est, Hippias, que d'être un homme vraiment sage et accompli. Tu es également capable, comme simple particulier, tout en recevant beaucoup d'argent **(281c)** des jeunes gens, de leur procurer plus de bénéfices que tu n'en retires, et, comme homme public, de rendre service à ta patrie, comme on doit le faire si l'on veut être considéré et se faire estimer du grand nombre. Mais dis-moi, Hippias, quel peut être le motif pour lequel ces anciens, si réputés pour leur sagesse, un **Pittacos**, un Bias, un Thalès de Milet et ceux qui ont suivi jusqu'à **Anaxagore**, se sont tous ou presque tous manifestement tenus loin des affaires publiques ?

Élis. Capitale de l'Élide, située au nord-ouest du Péloponnèse.

Lacédémone. Ville rivale d'Athènes, également appelée **Sparte**, située dans le Péloponnèse.

Pittacos de Mytilène (~650 - ~570) est l'un des Sept sages de la Grèce.

Anaxagore (~500 - ~428). Philosophe présocratique qui cherchait à expliquer par des causes physiques les phénomènes naturels. Il disait, entre autres, que la philosophie et l'astronomie sont les seules connaissances dignes d'attirer l'attention des esprits éclairés.

Dédale. Personnage mythique, célèbre inventeur et statuaire. Il aurait inventé, semble-t-il, la scie, la hache, le mât et la voile de navire. À la demande de Minos, il a également conçu le labyrinthe dans lequel fut enfermé le Minotaure, d'où l'expression « un dédale » qui désigne un lieu où l'on risque de s'égarer.

Socrate fait remarquer que l'esprit des anciens était caractérisé par le dévouement et l'altruisme, contrairement au nouvel esprit matérialiste qui régnait parmi les sophistes de la Grèce d'après la guerre du Péloponnèse (~431-~404).

Gorgias (v.~487 - v.~380). Sophiste grec, né à Léontium (ou Léontini) en Sicile. Il a écrit *De la Nature*, œuvre dans laquelle il soutient qu'il n'y a rien de réel, rien qui puisse être connu, rien qui puisse être enseigné ou transmis par les mots.

Prodicos (v.~460 - v.~399). Sophiste ionien originaire de Julis, dans l'île de Céos (ou Kéos). Il est surtout connu par les dialogues de Platon.

HIPPIAS : Quel motif veux-tu que ce soit, Socrate, sinon qu'ils en étaient incapables et n'étaient pas assez intelligents pour embrasser à **(281d)** la fois les affaires de l'État et celles des particuliers?

SOCRATE : Faut-il donc, au nom de Zeus, croire que, comme les autres arts se sont perfectionnés et que les ouvriers du temps passé étaient de piètres artisans au prix de ceux d'aujourd'hui, votre art à vous, les sophistes, s'est perfectionné de même, et que ceux des anciens qui se sont appliqués à la sagesse sont de piètres savants à côté de vous?

HIPPIAS : C'est parfaitement exact.

SOCRATE : Ainsi donc, Hippias, si Bias ressuscitait à présent parmi nous, il ferait rire de lui à côté de vous, **(282a)** de même que **Dédale**, à entendre les sculpteurs, s'il vivait de notre temps et créait des œuvres comme celles qui ont fait sa renommée, ne récolterait que moqueries.

HIPPIAS : Oui, Socrate, il en serait comme tu dis. Cependant moi, j'ai l'habitude, à l'égard des anciens et de nos devanciers, de les louer les premiers et plus que ceux d'aujourd'hui ; car je me garde de la jalousie des vivants et je redoute le ressentiment des morts.

SOCRATE : Voilà qui est bien parler et raisonner, Hippias, à ce **(282b)** qu'il me semble. Je puis moi-même attester avec toi que c'est la vérité et qu'en effet votre art s'est perfectionné pour ce qui est de pouvoir traiter les affaires publiques en même temps que les affaires privées. Par exemple **Gorgias**, le sophiste bien connu de Léontini, qui est venu ici en ambassade au nom de son pays, parce qu'il était de tous les Léontins le plus capable de traiter des affaires publiques, s'est fait dans l'assemblée du peuple une réputation d'excellent orateur et en même temps, par ses séances privées et ses leçons aux jeunes gens, il a gagné de grosses **(282c)** sommes sur notre ville. Veux-tu un autre exemple? Notre célèbre ami **Prodicos** a été souvent député par son pays en divers endroits et en dernier lieu il est venu ici, il n'y a pas longtemps, comme ambassadeur de Kéos. Or, il a parlé devant le sénat avec de grands applaudissements et en même temps il a donné des auditions privées et des leçons aux jeunes gens, et gagné ainsi des sommes fabuleuses. Parmi les anciens sages au contraire, aucun n'a jamais cru devoir exiger de l'argent pour prix de ses leçons, ni faire étalage de sa science **(282d)** devant toutes sortes de gens, tant ils étaient simples et ignoraient quelle valeur a l'argent! Au contraire, chacun des deux sophistes que j'ai nommés a tiré plus d'argent de sa science que tout autre artisan de son art, quel qu'il soit, et de même **Protagoras** avant eux.

ironie

Protagoras (v.~485 - v.~420). Sophiste d'Abdère mentionné fréquemment par Platon, il enseigna la rhétorique (l'art de l'éloquence et de la conviction), la grammaire et la poésie.

HIPPIAS : Je vois bien, Socrate, que tu n'as aucune idée des beaux profits de notre métier ; car si tu savais combien je me suis fait d'argent, moi qui te parle, tu serais bien étonné. Je me bornerai à un seul exemple. Un jour je m'étais rendu en Sicile, alors que Protagoras **(282e)** s'y trouvait et qu'il était en pleine vogue et déjà assez âgé ; bien que je fusse beaucoup plus jeune que lui, en un rien de temps je me fis plus de cent cinquante **mines** et plus de vingt dans une seule minuscule localité, Inycos. Quand je fus de retour chez moi avec cette somme, je la donnai à mon père, et lui et tous mes concitoyens en demeurèrent surpris et émerveillés. Et je suis à peu près sûr que je me suis fait plus d'argent que deux sophistes pris ensemble à ton choix.

Une **mine** est une monnaie d'argent de l'Antiquité qui valait cent drachmes. La **drachme** valait un centième de mine. Dix mines d'argent valent une mine d'or ; voyez-vous d'où vient l'expression valoir *une mine d'or* ? — Jusqu'en janvier 2001, avant le passage à la monnaie unique dans l'Union européenne (euro), la drachme était la monnaie qui avait cours en Grèce.

SOCRATE : Voilà certes un bel exemple, Hippias, et qui **(283a)** prouve nettement combien ta science et celle de nos contemporains l'emportent sur celle des anciens. Il faut convenir, d'après ce que tu dis, que nos devanciers étaient de grands ignorants, puisqu'on rapporte qu'Anaxagore fit tout le contraire de vous. Il avait hérité d'une grosse fortune ; il la perdit tout entière par sa négligence, tant il est vrai qu'avec toute sa science il manquait d'esprit. On en rapporte autant d'autres anciens. Ce que tu dis me paraît donc être une belle preuve que la science de nos contemporains est supérieure à celle de leurs prédécesseurs, et beaucoup de gens sont de ton avis **(283b)**, que le savant doit être avant tout savant pour lui-même, ce qui veut dire naturellement qu'il doit se faire le plus d'argent possible.

Mais en voilà assez là-dessus. Dis-moi maintenant une chose : parmi les villes où tu t'es rendu, quelle est celle où tu as fait le plus d'argent ? C'est évidemment Lacédémone, où tu es allé le plus souvent ?

HIPPIAS : Non, par Zeus, Socrate.

SOCRATE : Que dis-tu ? Serait-ce de là que tu as tiré le moins ?

HIPPIAS : Je n'en ai même jamais tiré la moindre **obole (283c)**.

SOCRATE : Ce que tu dis là, Hippias, tient du prodige et me confond. Mais dis-moi : ta science n'a-t-elle pas le pouvoir de perfectionner dans la vertu ceux qui la pratiquent et l'étudient ?

HIPPIAS : Si, Socrate, et même de les perfectionner notablement.

SOCRATE : Alors, après avoir été capable de rendre meilleurs les enfants des Inyciens, tu n'as pas pu en faire autant des enfants des Spartiates ?

HIPPIAS : Il s'en faut de beaucoup.

SOCRATE : C'est sans doute que les Grecs de Sicile désirent devenir meilleurs, et les Lacédémoniens, non ?

HIPPIAS : À coup sûr, Socrate, les Lacédémoniens **(283d)** le désirent aussi.

SOCRATE : Est-ce donc faute d'argent qu'ils fuyaient ton commerce ?

HIPPIAS : Assurément non, car ils en ont suffisamment.

SOCRATE : Quelle peut bien être la cause que, malgré leur désir et avec leur fortune, quand tu pouvais leur rendre les plus grands services, ils ne t'ont pas renvoyé chargé d'argent ? Mais j'y pense : ne serait-ce pas que les Lacédémoniens savent mieux que toi élever leurs enfants ? Est-ce cela que nous dirons, et en conviens-tu ? **(283e)**

Une **obole** est une monnaie de la Grèce antique valant un sixième de drachme. D'après la mythologie grecque, on devait déposer dans la bouche des morts une obole, afin qu'ils puissent payer Charon pour traverser le Styx, et éviter ainsi d'errer sur ses berges. Au sens figuré, le terme *obole* désigne une offrande modeste.

HIPPIAS : Pas du tout.

SOCRATE : Alors, serait-ce que tu n'as pas pu persuader les jeunes gens de Lacédémone qu'ils feraient plus de progrès dans la vertu en prenant tes leçons qu'en écoutant celles de leurs parents, ou bien est-ce leurs pères que tu n'as pas pu convaincre que, s'ils avaient quelque souci de leurs enfants, ils devaient te les confier plutôt que de s'en occuper eux-mêmes? Sans doute n'enviaient-ils pas à leurs enfants le bonheur de devenir aussi parfaits que possible.

HIPPIAS : Je ne le crois pas non plus.

SOCRATE : Et pourtant Lacédémone a de bonnes lois.

HIPPIAS : Sans contredit. **(284a)**

SOCRATE : Et dans les villes qui ont de bonnes lois, on attache à la vertu un très haut prix.

HIPPIAS : Assurément.

SOCRATE : Or cette vertu, tu sais la communiquer à autrui mieux que personne au monde.

HIPPIAS : Oui, beaucoup mieux, Socrate.

SOCRATE : Est-ce que l'homme le plus habile à communiquer l'art de l'équitation ne serait pas considéré en **Thessalie** plus qu'en aucun endroit de la Grèce et n'y gagnerait-il pas les plus grosses sommes, ainsi que partout ailleurs où l'on s'intéresse à cet art?

HIPPIAS : C'est vraisemblable.

SOCRATE : Et un homme qui est capable de donner les meilleures leçons de vertu ne sera pas le plus honoré à Lacédémone et n'y gagnera pas les plus grosses sommes, s'il le désire, **(284b)** ainsi que dans toute autre cité grecque gouvernée par de bonnes lois? Et peux-tu croire qu'il réussira mieux en Sicile et à Inycos? Te croirons-nous en cela, Hippias? Il le faudra bien, si tu l'ordonnes.

HIPPIAS : C'est que, Socrate, ce n'est pas l'usage à Lacédémone de toucher aux lois ni d'élever les enfants contrairement à la coutume.

SOCRATE : Que dis-tu là? Ce n'est pas l'usage à Lacédémone d'agir comme il convient, mais d'enfreindre la règle? **(284c)**

Thessalie. Vaste plaine dominée par les montagnes de la Grèce moyenne incluant l'Olympe, le Pélion, l'Othrys et le Pinde.

Socrate, sarcastique, associe la vertu à l'éducation sophiste.

HIPPIAS : Je n'ai garde de dire cela, Socrate.

SOCRATE : N'agiraient-ils pas comme il faut en donnant à leurs enfants une éducation meilleure, au lieu d'une moins bonne?

HIPPIAS : Si ; mais la loi ne leur permet pas d'élever leurs enfants selon une méthode étrangère ; autrement, je puis te garantir que, si jamais homme avait tiré de l'argent de chez eux par son enseignement, j'en aurais tiré moi-même beaucoup plus que personne, car ils ont plaisir à m'entendre et ils m'applaudissent ; mais, comme je te dis, la loi s'y oppose.

SOCRATE : Mais la loi, Hippias, est-elle, selon toi, nuisible ou utile à la cité? **(284d)**

Hippias : On l'établit, je pense, en vue de l'utilité, mais il arrive qu'elle est nuisible, si elle est mal faite.

SOCRATE : Mais voyons : ceux qui font des lois, ne les font-ils pas pour le plus grand bien de l'État? et sans ce bien, n'est-il pas impossible d'être bien gouverné?

HIPPIAS : C'est vrai.

SOCRATE : Quand donc ceux qui entreprennent de faire des lois se trompent sur le bien, ils se trompent sur la légalité et la loi. Qu'en penses-tu?

HIPPIAS : A parler rigoureusement, c'est juste, Socrate ; mais ce n'est pas ainsi qu'on l'entend d'ordinaire. **(284e)**

SOCRATE : De qui veux-tu parler, Hippias? des hommes instruits ou des ignorants?

HIPPIAS : Du grand nombre.

SOCRATE : Mais ce grand nombre, est-ce ceux qui ~~connaissent la vente~~. *savent ce qui est vrai?*

HIPPIAS : Non, certes.

SOCRATE : Mais ceux qui la connaissent estiment que, pour tous les hommes, ce qui est utile est véritablement plus conforme à la loi que ce qui est nuisible. N'en conviens-tu pas?

HIPPIAS : Oui, ce l'est véritablement, j'en conviens.

SOCRATE : Il en est donc réellement sur ce point comme le croient ceux qui savent.

HIPPIAS : Certainement.

SOCRATE : Or, d'après ce que tu dis, il serait plus utile aux Lacédémoniens d'adopter ta méthode d'éducation, quoique étrangère, que de garder leur méthode nationale. **(285a)**

HIPPIAS : Oui, je le dis, et c'est vrai.

SOCRATE : Ne dis-tu pas aussi que le plus utile est le plus conforme à la loi ?

HIPPIAS : Je l'ai dit en effet.

SOCRATE : Ainsi, d'après ce que tu dis, les fils des Lacédémoniens se conformeraient mieux à la loi en suivant les leçons d'Hippias, et moins bien en suivant celles de leurs pères, si réellement ils doivent retirer de toi plus de profit.

HIPPIAS : Ils en retireraient davantage, Socrate. **(285b)**

SOCRATE : Ainsi, les Lacédémoniens pèchent contre la loi, lorsqu'ils refusent de te donner de l'or et de te confier leurs fils ?

HIPPIAS : Je te l'accorde ; car tu parles, ce me semble, en ma faveur, et je n'ai nul besoin de te contredire.

SOCRATE : Voilà donc, mon ami, les Laconiens convaincus de transgresser la loi, et cela dans les matières les plus importantes, eux qui passent pour être les plus attachés aux lois. Mais au nom des dieux, Hippias, quand ils t'applaudissent et se plaisent à t'entendre, **(285c)** c'est sur quoi ? Évidemment c'est sur ce que tu connais le mieux, les astres et les phénomènes célestes ?

HIPPIAS : Pas du tout : ce sont des choses qu'ils ne peuvent même pas supporter.

SOCRATE : Alors c'est sur la géométrie qu'ils ont plaisir à t'entendre ?

HIPPIAS : Nullement ; car beaucoup d'entre eux, on peut le dire, ne savent même pas compter.

SOCRATE : Il s'en faut donc de beaucoup qu'ils te supportent, quand tu leur parles d'arithmétique.

HIPPIAS : De beaucoup, oui, par Zeus.

SOCRATE : Alors c'est sans doute sur ces distinctions extrêmement précises que tu sais faire mieux que

non

↑

elenchos

Socrate met Hippias en contradiction avec lui-même : suivre la loi est vertueux, mais ne pas la suivre au bénéfice de l'éducation, est-ce mieux ?

personne à propos de la valeur des lettres, des syllabes, des rythmes et des accords. **(285d)**

HIPPIAS : De quels accords, mon bon, et de quelles lettres?

SOCRATE : Mais alors, qu'est-ce qu'ils écoutent volontiers et applaudissent, quand tu leur parles? Dis-le-moi toi-même, puisque je ne le devine pas.

HIPPIAS : Les généalogies, Socrate, soit des héros, soit des hommes, la manière dont les villes ont été fondées dans les anciens temps et en général toute l'histoire ancienne, voilà ce qu'ils écoutent avec le plus de plaisir, de sorte qu'à cause d'eux j'ai été obligé d'apprendre à fond et de travailler d'arrache-pied toutes ces matières. **(285e)**

SOCRATE : Par Zeus, il est heureux pour toi, Hippias, que les Lacédémoniens ne prennent pas plaisir à entendre énumérer nos **archontes** depuis **Solon**; sans quoi, tu aurais pris bien de la peine à te mettre tous ces noms dans la tête.

HIPPIAS : Pourquoi, Socrate? Il me suffit d'entendre une fois cinquante noms pour que je les retienne.

SOCRATE : C'est vrai; j'oubliais que tu sais la **mnémonique**. Aussi, je pense qu'il est bien naturel que tu plaises aux Lacédémoniens, toi qui sais tant de choses, et qu'ils s'adressent à toi, comme les enfants aux vieilles femmes, pour leur faire des contes divertissants. **(286a)**

HIPPIAS : Oui, Socrate, et, ma foi, dernièrement encore j'ai eu chez eux beaucoup de succès en leur exposant les belles occupations auxquelles un jeune homme doit se livrer; car j'ai composé là-dessus un fort beau discours, qui joint à d'autres qualités un heureux choix des mots. En voici à peu près la mise en scène et le commencement. Le discours représente **Néoptolème** qui, après la prise de Troie, demande à **Nestor** quels sont **(286b)** les beaux exercices auxquels il faut s'adonner, quand on est jeune, pour se faire la plus belle réputation. Ensuite, c'est Nestor qui parle et lui donne force conseils d'une justice et d'une beauté

Archontes. Titre des magistrats suprêmes.

Solon (~640 - ~558). Un des Sept sages de la Grèce, à qui on attribue l'invention de la démocratie. Il fut archonte entre ~594 et ~593.

Hippias est vaniteux. Socrate le sait et fait du sarcasme déguisé à ce sujet.

Mnémonique : relatif à la mémoire. L'art de la mémorisation.

ironie

En exposant le contenu de son discours aux Lacédémoniens, Hippias ouvre la porte à la question piège de Socrate : que veut dire le beau?

Néoptolème ou **Pyrrhus.** Fils d'Achille et de Deidamia, il est un héros de la mythologie grecque, et notamment de l'*Odyssée* d'Homère.

Nestor. Fils de Nélée, lui-même fils du dieu Poséidon, il représentait l'image du vieux sage dans l'*Iliade* d'Homère.

parfaites. Ce discours, je l'ai prononcé en public à Lacédémone, et je dois, ici même, en faire une lecture publique après-demain, à l'école de **Phidostrate**, en y ajoutant beaucoup d'autres morceaux qui méritent d'être entendus. C'est **Eudicos**, fils d'**Apèmantos**, qui m'en a prié. **(286c)** Tâche d'y venir toi-même et d'en amener d'autres qui soient capables de juger ce qu'ils auront entendu.

QU'EST-CE QUE LE BEAU?

SOCRATE: C'est ce que je ferai, s'il plaît à Dieu, Hippias. Mais, pour le moment, réponds à une petite question que j'ai à te faire à ce sujet; tu m'y as fait penser fort à propos. Tout dernièrement, excellent Hippias, je blâmais dans une discussion certaines choses comme laides et j'en approuvais d'autres comme belles, lorsque quelqu'un m'a jeté dans l'embarras en me posant cette question sur un ton brusque **(286d)**: « Dis-moi, Socrate, d'où sais-tu quelles sont les choses qui sont belles et celles qui sont laides? Voyons, peux-tu me dire ce qu'est le beau? » Et moi, pauvre ignorant, j'étais bien embarrassé et hors d'état de lui faire une réponse convenable. Aussi, en quittant la compagnie, j'étais fâché contre moi-même, je me grondais et je me promettais bien, dès que je rencontrerais l'un de vous autres savants, de l'écouter, de m'instruire, d'approfondir le sujet et de revenir à mon questionneur pour reprendre le combat. Aujourd'hui tu es donc venu, comme je disais, fort à propos. Enseigne-moi au juste ce que c'est que le beau **(286e)** et tâche de me répondre avec toute la précision possible, pour que je ne m'expose pas au ridicule d'être encore une fois confondu. Il est certain que tu sais fort bien ce qu'il en est et, parmi les nombreuses connaissances que tu possèdes, c'est apparemment une des moindres.

HIPPIAS: Oui, par Zeus, une des moindres, Socrate, et qui ne compte pour ainsi dire pas.

Eudicos est l'hôte d'Hippias à Athènes dans le *Hippias mineur,* une œuvre de jeunesse de Platon sur le mensonge. **Phidostrate** est inconnu.

Apèmantos. Personnage mal connu. Il s'agit probablement de l'hôte d'Hippias à Athènes.

Socrate se cache derrière un personnage fictif pour poser ses questions et argumenter avec Hippias. Sarcasme et ironie sont de la partie. Finalement, la question sur le beau est lancée, comme par hasard.

déclaration
d'ignorance

Il se met à
l'école d'Hipias

SOCRATE : Aussi me sera-t-il facile de l'apprendre, et personne ne me confondra plus.

HIPPIAS : Personne, j'en réponds ; autrement, ma profession ne serait qu'une pitoyable ignorance. **(287a)** *ironie*

SOCRATE : Par **Héra**, voilà qui est bien dit, Hippias, s'il est vrai que je doive réduire à merci mon adversaire. Mais cela t'incommoderait-il si, revêtant son personnage et te questionnant, je faisais des objections à tes réponses, afin que tu me prépares à la lutte aussi bien que possible ; car je m'entends assez à présenter des objections. Si donc cela ne te fait rien, j'ai l'intention *élenchos* de t'en faire, afin d'en tirer une instruction plus solide.

HIPPIAS : Eh bien, fais-en ; car, je le répète, la question n'est pas grave et je pourrais t'enseigner à répondre sur des sujets bien autrement difficiles, de manière que personne ne puisse te réfuter. **(287b)**

SOCRATE : Ah ! quelles bonnes paroles ! Mais allons ! puisque tu m'y invites de ton côté, je vais me mettre à sa place du mieux que je pourrai et essayer de t'interroger. Si, en effet, tu lui débitais ce discours dont tu parles, sur les belles occupations, quand il t'aurait entendu et que tu aurais fini de parler, la première question qu'il te poserait serait infailliblement sur la beauté, car telle est sa manie, et il te dirait **(287c)** : « Étranger d'Élis, n'est-ce pas par la justice que les justes sont justes ? » Réponds à présent, Hippias, comme si c'était lui qui interrogeât.

HIPPIAS : Je réponds que c'est par la justice.

SOCRATE : N'est-ce pas quelque chose de réel que la justice ?

HIPPIAS : Certainement.

SOCRATE : N'est-ce pas aussi par la science que les savants sont savants et par le bien que tous les biens sont des biens ?

HIPPIAS : Sans doute.

SOCRATE : Et ces choses sont réelles, car si elles ne l'étaient pas, il n'y aurait pas de justes, de savants ni de biens.

Héra. Personnage de la mythologie grecque, reine du ciel et de l'Olympe, épouse et sœur aînée de Zeus, dieu suprême des Hellènes. Elle partageait avec lui la domination du ciel.

Dans ce passage, Socrate dit à Hippias : « Tu me prépares à la lutte ». Vous souvenez-vous quel était le sport favori de Platon ?

HIPPIAS : Elles sont réelles certainement.

SOCRATE : De même toutes les belles choses ne sont-elles pas belles par la beauté? **(287d)**

HIPPIAS : Oui, par la beauté.

SOCRATE : Qui est une chose réelle?

HIPPIAS : Oui, car que serait-elle autrement?

SOCRATE : « Dis-moi maintenant, étranger, poursuivra-t-il, ce que c'est que cette beauté. »

HIPPIAS : Le questionneur, n'est-ce pas, Socrate, veut savoir quelle chose est belle?

SOCRATE : Je ne crois pas, Hippias ; il veut savoir ce qu'est le beau.

HIPPIAS : Et quelle différence y a-t-il de cette question à l'autre?

SOCRATE : Tu n'en vois pas?

HIPPIAS : Je n'en vois aucune.

SOCRATE : Il est évident que tu t'y entends mieux que moi. Néanmoins, fais attention, mon bon ami : il ne te demande pas quelle chose est belle, mais ce qu'est le beau. **(287e)**

LE BEAU, C'EST UNE BELLE FILLE

HIPPIAS : C'est compris, mon bon ami, et je vais lui dire ce qu'est le beau, sans crainte d'être jamais réfuté. Sache donc, Socrate, puisqu'il faut te dire la vérité, que le beau, c'est une belle fille.

SOCRATE : Par le chien, Hippias, voilà une belle et brillante réponse. Et maintenant crois-tu, si je lui réponds comme toi, que j'aurai correctement répondu à la question et que je n'aurai pas à craindre d'être réfuté? **(288a)**

HIPPIAS : Comment pourrait-on te réfuter, Socrate, si sur ce point tout le monde est d'accord avec toi et si tes auditeurs attestent tous que tu as raison?

SOCRATE : Soit, je le veux bien. Mais permets, Hippias, que je prenne à mon compte ce que tu viens de dire. Lui va me poser la question suivante : « Allons, Socrate, réponds. Toutes ces choses que tu qualifies de belles ne

ignorance

Hippias maintient sa première compréhension du beau. Il ne semble pas avoir compris l'objection de Socrate.

sarcasme

sauraient être belles que si le beau en soi existe? » Pour ma part, je confesserai que, si une belle fille est belle, c'est qu'il existe quelque chose qui donne leur beauté aux belles choses.

HIPPIAS : Crois-tu donc qu'il entreprendra encore de te réfuter et de prouver que ce que tu donnes pour beau ne l'est point ou, s'il l'essaye, qu'il ne se couvrira pas de ridicule? **(288b)**

SOCRATE : Il essayera, étonnant Hippias, j'en suis sûr. Quant à dire si son essai le rendra ridicule, l'événement le montrera. Mais ce qu'il dira, je veux bien t'en faire part.

HIPPIAS : Parle donc.

SOCRATE : « Tu es bien bon, Socrate, dira-t-il. Mais une belle jument, n'est-ce pas quelque chose de beau, puisque le dieu lui-même l'a vantée dans son **oracle**? » Que répondrons-nous, Hippias? Pouvons-nous faire autrement que de reconnaître que la jument a de la beauté, quand elle est belle? Comment, en effet, oser nier que le beau ait de la beauté? **(288c)**

HIPPIAS : Tu as raison, Socrate ; car ce que le dieu a dit est exact. En effet, on élève chez nous de très belles juments.

SOCRATE : « Bien, dira-t-il. Et une belle lyre, n'est-ce pas quelque chose de beau? » En conviendrons-nous, Hippias?

HIPPIAS : Oui.

SOCRATE : Après cela, mon homme dira, j'en suis à peu près sûr d'après son caractère : « Et une belle marmite, mon excellent ami? N'est-ce pas une belle chose? »

HIPPIAS : Ah! Socrate, quel homme est-ce là? Quel malappris, d'oser nommer des choses si basses dans un sujet si relevé? **(288d)**

arrogance

SOCRATE : Il est comme cela, Hippias, tout simple, vulgaire, sans autre souci que celui de la vérité. Il faut pourtant lui répondre, à cet homme, et je vais dire le premier mon avis. Si la marmite a été fabriquée par un bon potier, si elle est lisse et ronde et bien cuite,

Oracles. Réponses que faisaient les dieux aux mortels qui venaient les consulter dans leurs lieux sacrés.

comme ces belles marmites à deux anses qui contiennent six **conges** et qui sont de toute beauté, si c'est d'une pareille marmite qu'il veut parler, il faut convenir qu'elle est belle ; car comment prétendre qu'une chose qui est belle n'est pas belle ? **(288e)**

HIPPIAS : Cela ne se peut, Socrate.

SOCRATE : Donc, dira-t-il, une belle marmite aussi est une belle chose ? Réponds.

HIPPIAS : Voici, Socrate, ce que j'en pense. Oui, cet ustensile est une belle chose, s'il a été bien travaillé ; mais tout cela ne mérite pas d'être considéré comme beau, en comparaison d'une cavale, d'une jeune fille et de toutes les autres belles choses. **(289a)**

SOCRATE : Soit. Si je te comprends bien, Hippias, voici ce que nous devons répondre à notre questionneur : « Tu méconnais, l'ami, la justesse de ce mot d'**Héraclite**, que le plus beau des singes est laid en comparaison de l'espèce humaine. De même, la plus belle marmite est laide, comparée à la race des vierges, à ce que dit Hippias le savant. » N'est-ce pas cela, Hippias ?

HIPPIAS : Parfaitement, Socrate : c'est très bien répondu.

SOCRATE : Écoute maintenant, car, après cela, je suis sûr qu'il va dire : « Mais quoi, Socrate ! Si l'on compare la race des vierges à celle des dieux, ne sera-t-elle pas dans le même cas que les anses d'une tasse, d'un panier, d'un vase, d'une cruche ? Des marmites comparées aux vierges ? **(289b)** Est-ce que la plus belle fille ne paraîtra pas laide ? Et cet Héraclite que tu cites, ne dit-il pas de même que le plus savant des hommes comparé à un dieu paraîtra n'être qu'un singe pour la science, pour la beauté et pour tout en général ? » Accorderons-nous, Hippias, que la plus belle jeune fille est laide, comparée à la race des dieux ?

HIPPIAS : Qui pourrait y aller contre, Socrate ?

SOCRATE : Si donc nous lui accordons cela, il se mettra à rire et dira : « Te souviens-tu, Socrate, de la question que je t'ai posée ? » **(289c)** Oui, répondrai-je : tu m'as demandé ce que peut être le beau en soi. « Et puis,

Conge. Mesure de capacité pour les liquides, équivalant à environ trois litres.

Héraclite d'Éphèse (v.~544 - v.~480). Philosophe présocratique à qui on attribue un livre dont ne nous sont parvenus que des fragments épars, écrits dans un style poétique, avec une pensée obscure. On retient de lui trois thèmes et principes : la recherche d'un fondement unique du monde comme totalité, l'unité des contraires et l'écoulement des choses.

reprendra-t-il, étant interrogé sur le beau, tu m'indiques en réponse une chose qui, de ton propre aveu, est justement tout aussi bien laide que belle.» Il le semble bien, répondrai-je. Sinon, mon cher, que me conseilles-tu de répliquer?

HIPPIAS: Moi? ce que tu viens de dire. S'il dit que, comparée aux dieux, la race humaine n'est pas belle, il dira la vérité.

SOCRATE: Mais, poursuivra-t-il, si je t'avais demandé tout d'abord **(289d)**, Socrate, qu'est-ce qui est à la fois beau et laid, et si tu m'avais répondu ce que tu viens de répondre, ta réponse serait juste. Mais le beau en soi qui orne toutes les autres choses et les fait paraître belles, quand cette forme s'y est ajoutée, crois-tu encore que ce soit une vierge, ou une cavale, ou une lyre?

HIPPIAS: Eh bien, Socrate, si c'est cela qu'il cherche, rien n'est plus facile que de lui indiquer ce qu'est le beau, qui pare tout le reste et le fait paraître beau en s'y ajoutant. Ton homme, à ce que je vois, est un pauvre d'esprit et qui n'entend rien aux belles choses. **(289e)** Tu n'as qu'à lui répondre que ce beau sur lequel il t'interroge n'est pas autre chose que l'or. Il sera réduit au silence et n'essayera pas de te réfuter. Car nous savons tous que, quand l'or s'y est ajouté, un objet qui paraissait laid auparavant, paraît beau, parce qu'il est orné d'or.

SOCRATE: Tu ne connais pas l'homme, Hippias. Tu ignores jusqu'à quel point il est intraitable et difficile à satisfaire.

HIPPIAS: Qu'est-ce que cela fait, Socrate? Si ce qu'on dit est juste, force lui est de l'accepter; s'il ne l'accepte pas, il se couvrira de ridicule. **(290a)**

SOCRATE: Il est certain, excellent Hippias, que loin d'accepter ta réponse, il se moquera même de moi et me dira: «Es-tu fou? Prends-tu **Phidias** pour un mauvais sculpteur?» Et moi je lui répondrai sans doute: «Non, pas du tout.»

HIPPIAS: Et tu auras bien répondu, Socrate.

Socrate revient à la charge: c'est le beau en soi qu'il cherche! Mais Hippias démontre toujours qu'il a la présomption de tout savoir.

WTF

Phidias (~490 - ~430). Le plus célèbre des sculpteurs grecs, ses représentations colossales en or et en ivoire d'Athéna et de Zeus à Olympie furent si renommées dans l'Antiquité qu'elles figuraient au nombre des « Sept merveilles du monde ».

LA CONVENANCE, L'OR, L'IVOIRE
ET LA CUILLÈRE EN BOIS DE ROSIER

SOCRATE : Oui, certainement. Dès lors, quand je serai convenu que Phidias était un excellent artiste, il poursuivra **(290b)** : « Et tu crois que ce beau dont tu parles, Phidias l'ignorait ? — Pourquoi cette demande ? diraije. — C'est, dira-t-il, qu'il n'a fait en or ni les yeux de son Athéna, ni le reste de son visage, ni ses pieds, ni ses mains, s'il est vrai qu'étant d'or la statue devait paraître plus belle, mais qu'il les a faits en ivoire. Il est évident qu'en cela il a péché par ignorance, faute de savoir que c'est l'or qui rend beaux tous les objets auxquels on l'applique. » Quand il dira cela, que faut-il répondre, Hippias ?

HIPPIAS : Il n'y a là rien de difficile. Nous lui dirons que **(290c)** Phidias a bien fait ; car l'ivoire aussi, je pense, est une belle chose.

SOCRATE : « Alors, pourquoi, dira-t-il, au lieu de faire le milieu des yeux en ivoire, l'a-t-il fait d'une pierre précieuse, après en avoir trouvé une qui fût aussi semblable que possible à l'ivoire ? Serait-ce qu'une pierre est aussi une belle chose ? » Le dirons-nous, Hippias ?

HIPPIAS : Oui, nous le dirons, à condition qu'elle convienne.

SOCRATE : Et lorsqu'elle ne convient pas, elle est laide ? L'avouerai-je, oui ou non ?

HIPPIAS : Avoue-le, du moins lorsqu'elle ne convient pas.

SOCRATE : « Mais alors, savant homme, dira-t-il, l'ivoire et l'or ne font-ils pas paraître belles les choses auxquelles ils conviennent, et laides celles auxquelles ils ne conviennent pas ? » Le nierons-nous ou avouerons-nous qu'il a raison ? **(290d)**

HIPPIAS : Nous avouerons que ce qui convient à une chose, c'est cela qui la rend belle.

SOCRATE : Il me dira ensuite : « Qu'est-ce qui convient à la marmite dont nous parlions tout à l'heure, la belle, quand on la met sur le feu, pleine de beaux légumes ? Est-ce une cuillère d'or ou une de bois de figuier ? »

détournement de sujet

Socrate s'amuse.

HIPPIAS : Par Héraclès! quel homme est-ce là, Socrate? Ne veux-tu pas me dire qui c'est? **(290e)**

SOCRATE : Quand je te dirais son nom, tu ne le connaîtrais pas.

HIPPIAS : Je sais du moins dès à présent que c'est un homme sans éducation.

SOCRATE : Il est insupportable, Hippias. Que lui répondrons-nous cependant? Laquelle des deux cuillères convient à la purée et à la marmite? N'est-ce pas évidemment celle qui est en bois de figuier? Elle donne une meilleure odeur à la purée ; en outre, Hippias, avec elle, on ne risque pas de casser la marmite, de répandre la purée, d'éteindre le feu et de priver d'un plat fort appétissant ceux qui comptaient s'en régaler, **tous** accidents qui peuvent arriver avec la cuillère en or, en sorte que nous devons dire, à mon avis, que la cuillère en bois de figuier convient mieux que celle en or, à moins que tu ne sois d'un autre avis. **(291a)**

HIPPIAS : En effet, Socrate, elle convient mieux, mais moi, je ne m'entretiendrais pas avec un homme qui pose de telles questions.

SOCRATE : Et tu aurais raison, mon cher. Il te siérait mal de souiller tes oreilles de mots si bas, toi qui es si bien vêtu, si bien chaussé et réputé pour ta science dans toute la Grèce ; mais moi, je ne risque rien à me frotter à cet homme. Continue donc à m'instruire **(291b)** et réponds, pour l'amour de moi. « Si en effet, dira cet homme, la cuillère de figuier convient mieux que la cuillère en or, n'est-elle pas aussi plus belle, puisque tu es convenu, Socrate, que ce qui convient est plus beau que ce qui ne convient pas? » Ne conviendrons-nous pas, Hippias, que la cuillère de figuier est plus belle que la cuillère en or?

HIPPIAS : Veux-tu que je dise, Socrate, comment tu dois lui définir le beau pour te débarrasser de tout ce verbiage? **(291c)**

SOCRATE : Certainement, mais pas avant de m'avoir indiqué ce que je dois répondre sur les deux cuillères dont nous parlions à l'instant, c'est-à-dire quelle est celle qui convient et qui est la plus belle.

HIPPIAS : Eh bien, réponds-lui, si tu veux, que c'est la cuillère en bois de figuier.

SOCRATE : Dis-moi maintenant ce que tu allais dire tout à l'heure. Car, après cette réponse, si je dis que le beau c'est l'or, il sautera aux yeux, ce me semble, que l'or n'est pas plus beau que le bois de figuier. Voyons à présent ta nouvelle définition du beau. **(291d)**

HIPPIAS : Je vais te la donner. Ce que tu veux pouvoir répondre, c'est, si je ne me trompe, que le beau est quelque chose qui ne paraîtra laid en aucun temps, en aucun lieu, à aucun homme.

SOCRATE : C'est cela même, Hippias, et cette fois tu saisis bien ma pensée.

HIPPIAS : Écoute donc et sache que, si l'on peut faire une objection à ma définition, je déclare moi-même que je n'y entends absolument rien.

SOCRATE : Parle donc vite, au nom des dieux.

HIPPIAS : Je dis donc que pour tout homme, en tout temps et en tout lieu, ce qu'il y a de plus beau au monde, c'est d'être riche, bien portant, honoré par les Grecs, de parvenir à la vieillesse et, après avoir fait de belles funérailles à ses parents morts, de recevoir de ses enfants de beaux et magnifiques honneurs funèbres. **(291e)**

SOCRATE : Oh! oh! Hippias, cette réponse est admirable, sublime et vraiment digne de toi. Par Héra, je suis charmé de voir avec quelle bonté tu fais ce que tu peux pour me venir en aide. Mais nous ne tenons pas notre homme ; au contraire, il va maintenant redoubler ses moqueries à notre égard.

HIPPIAS : Mauvaises moqueries, Socrate ; car s'il n'a rien à opposer à ma définition et qu'il se moque, c'est de lui-même qu'il rira et il sera moqué lui-même par les auditeurs. **(292a)**

SOCRATE : C'est peut-être vrai ; mais peut-être aussi cette réponse pourrait bien, comme je le présume, m'attirer autre chose que des moqueries.

HIPPIAS : Qu'entends-tu par là?

SOCRATE : C'est que, s'il a par hasard un bâton à la main et si je ne fuis pas assez vite pour lui échapper, il essayera de m'administrer une bonne correction.

HIPPIAS : Que dis-tu là? Cet homme est-il ton maître? Et peut-il te traiter ainsi sans être traîné en justice et puni? N'y a-t-il pas de justice dans votre ville? Et y laisse-t-on les citoyens se frapper injustement les uns les autres? **(292b)**

SOCRATE : Non, pas du tout.

HIPPIAS : Il sera donc puni, s'il te frappe injustement.

SOCRATE : Ce ne serait pas injustement, Hippias, non, je ne le crois pas ; si je lui faisais cette réponse, il en aurait le droit, à mon avis.

HIPPIAS : Je veux bien le croire aussi, puisque tu le crois toi-même.

SOCRATE : Ne veux-tu pas que je te dise aussi pourquoi je crois moi-même qu'il serait en droit de me battre si je faisais cette réponse? Ou me battras-tu toi-même sans m'entendre? Ou consens-tu à m'écouter? **(292c)**

HIPPIAS : Ce serait un étrange procédé de ma part de refuser. Quelles raisons as-tu à donner?

SOCRATE : Je vais te les dire, en me mettant, comme tout à l'heure, à la place de cet homme, afin de ne pas t'adresser, à toi, des paroles désagréables et choquantes comme celles qu'il me dira, à moi ; car voici, je le garantis, ce qu'il va dire. «Réponds, Socrate : penses-tu que j'aurais tort de te battre, toi qui viens de chanter si faux ce long dithyrambe et qui es resté si loin de la question? — Comment cela? répondrai-je. — Tu me demandes comment! répliquera-t-il. Es-tu donc incapable de te rappeler que c'est sur le beau en soi **(292d)** que portait ma question, sur ce beau qui donne de la beauté à tout objet auquel il s'ajoute, pierre, bois, homme, dieu, action ou science quelles qu'elles soient. C'est cette beauté en soi, l'ami, que je te demandais de définir, et je n'arrive pas plus à me faire entendre que si j'avais affaire à une pierre et encore une pierre de meule, sans oreilles ni cervelle. » Te fâcherais-tu, Hippias, si, pris de peur, je lui disais là-dessus : « Mais c'est Hippias qui a dit que c'était cela, le beau, et cependant je lui demandais à lui, comme tu m'as demandé à moi, **(292e)** ce qui est beau pour tous et toujours. » Qu'en dis-tu ? Tu ne te fâcheras pas si je lui dis cela ?

HIPPIAS : Je suis bien sûr, Socrate, que ce que j'ai dit est beau pour tout le monde et paraîtra tel à tout le monde.

SOCRATE : « Le sera-t-il aussi toujours ? reprendra cet homme ; car c'est en tout temps, n'est-ce pas ? que le beau est beau ? »

HIPPIAS : Assurément.

SOCRATE : « L'a-t-il aussi toujours été ? » dira-t-il.

HIPPIAS : Oui, toujours.

SOCRATE : « Est-ce que, poursuivra-t-il, l'étranger d'Élis a dit que pour **Achille** aussi le beau avait consisté à être enseveli après ses ancêtres, et qu'il en avait été de même pour son grand-père **Éaque** et pour tous les enfants des dieux et pour les dieux eux-mêmes ? » **(293a)**

HIPPIAS : Qu'est-ce qu'il dit là ? Qu'il aille se faire pendre ! Cet homme-là, Socrate, ne respecte même pas les dieux dans ses questions.

SOCRATE : Eh bien, supposons qu'un autre pose la question. Répondre affirmativement, ne serait-ce pas commettre une véritable impiété ?

HIPPIAS : Peut-être.

SOCRATE : « Peut-être donc es-tu toi-même, dira-t-il, cet impie, toi qui soutiens qu'il est beau pour tout le monde et en tout temps d'être enseveli par ses descendants et d'ensevelir ses parents ; ou bien **Héraclès** et tous ceux que nous venons de nommer ne font-ils pas partie de tout le monde ? »

HIPPIAS : Mais je n'ai pas dit qu'il en était ainsi pour les dieux. **(293b)**

SOCRATE : Ni pour les héros à ce qu'il semble.

HIPPIAS : Non, du moins pour ceux qui sont enfants des dieux.

contre-exemples

Achille. Fils de Pélée, roi de Phthie en Thessalie, et de Thétis, nymphe marine, il était le héros grec légendaire de la guerre de Troie dans l'*Iliade* d'Homère.

Éaque. Personnage de la mythologie grecque, fils de Zeus et de la nymphe Égine, père de Pélée et grand-père d'Achille.

Héraclès. Héros de la mythologie grecque, célèbre pour sa force, il a été appelé Hercule à Rome. C'est un demi-dieu, né de Zeus et d'une mortelle, Alcmène.

Tantale. Personnage de la mythologie grecque, il était roi de Lydie, fils de Zeus et de la nymphe Plouto. Pour avoir offensé les dieux, il subira aux Enfers le « supplice de Tantale », ne pouvant, pour l'éternité, satisfaire sa soif et sa faim.

Dardanos. Figure mythique, fils de Zeus et d'Électre, une mortelle (celle-ci n'est pas l'Électre la plus connue, la fille d'Agamemnon et de Clytemnestre). Il était considéré comme l'ancêtre légendaire des habitants de la ville de Troie, autour de laquelle tourne toute l'épopée de l'*Iliade*.

Zéthos. Personnage de la mythologie grecque, fils de Zeus et d'Antiope, une mortelle.

Pélops. Fils de Tantale.

SOCRATE : Mais pour tous ceux qui ne le sont pas?

HIPPIAS : Parfaitement.

SOCRATE : Ainsi, d'après ce que tu dis à présent, il paraît que c'est une chose indigne, impie et laide pour les héros tels que **Tantale**, **Dardanos** et **Zéthos**, mais belle pour **Pélops** et les autres nés de mortels comme lui?

HIPPIAS : C'est ce que je pense.

SOCRATE : « Tu penses donc aussi, dira-t-il, contrairement à ce que tu disais tout à l'heure, qu'être enseveli par ses descendants après avoir enterré ses parents, est quelquefois et pour quelques-uns une chose qui n'est pas belle, je dirai plus, **(293c)** qu'il est impossible, ce me semble, qu'elle ait été et soit belle pour tout le monde ; en sorte que ce prétendu beau est sujet aux mêmes inconvénients que les précédents, la fille et la marmite, et à de plus ridicules encore ; car il est beau pour les uns et laid pour les autres. Tu n'es pas encore capable, Socrate, même aujourd'hui, dira-t-il, de répondre à ma question sur la nature du beau. » Tels sont à peu près les reproches qu'il me fera et avec justice, si je lui réponds comme tu me le conseilles.

C'est à peu près ainsi qu'il me parle le plus souvent, Hippias. Quelquefois pourtant, comme s'il avait pitié de mon inexpérience et de mon ignorance **(293d)**, il me suggère lui-même une solution et me demande si le beau ne me paraît pas être telle ou telle chose, et il fait de même pour tout autre sujet sur lequel il m'interroge et qui fait l'objet de notre entretien.

HIPPIAS : Qu'entends-tu par là, Socrate?

SOCRATE : Je vais te l'expliquer. « Mon bon Socrate, me dit-il, laisse là ces réponses et n'en fais plus de pareilles : elles sont par trop naïves et trop faciles à réfuter **(293e)**. Examine plutôt si le beau ne serait point ce que nous avons touché tout à l'heure dans notre réponse, lorsque nous avons dit que l'or est beau là ou il convient et laid où il ne convient pas, et de même pour tout le reste où cette convenance se trouve. Examine à présent cette convenance en elle-même et dans sa nature, pour voir si par hasard elle est le beau. » Moi, j'ai l'habitude d'acquiescer à toutes les propositions de ce genre, parce que je ne sais quoi dire ; mais toi, Hippias, estimes-tu que le beau est ce qui convient ?

HIPPIAS : C'est exactement mon opinion, Socrate.

SOCRATE : Examinons la question, de peur de nous tromper.

HIPPIAS : Oui, il faut l'examiner. **(294a)**

manipulation

L'ÊTRE ET LE PARAÎTRE

SOCRATE : Vois donc. Dirons-nous que la convenance est ce qui fait paraître beaux les objets où elle se trouve, ou ce qui les rend réellement beaux, ou n'est-ce ni l'un ni l'autre ?

HIPPIAS : Je crois pour ma part...

SOCRATE : Quoi ?

HIPPIAS : Que c'est ce qui les fait paraître beaux. C'est ainsi, par exemple, que, lorsqu'un homme, par ailleurs ridicule, met des vêtements ou des chaussures qui lui vont bien, il en paraît plus beau.

SOCRATE : Si la convenance fait paraître les choses plus belles qu'elles ne sont, c'est donc une tromperie sur la beauté, et elle n'est pas ce que nous cherchons, Hippias **(294b)** ; car ce que nous cherchons, c'est ce par quoi toutes les belles choses sont belles, comme c'est la supériorité de la taille qui fait que toutes les choses grandes sont grandes ; c'est en effet par cette supériorité que toutes sont grandes ; même si elles ne le paraissent pas, mais qu'elles dépassent les autres, elles sont nécessairement grandes. De même, disons-nous, qu'est-ce que peut bien être le beau, qui rend belles toutes les belles choses, qu'elles le paraissent ou non ? Il ne saurait être la convenance, puisque, d'après ce que tu dis, il fait paraître les choses plus belles qu'elles ne sont et ne les laisse pas paraître telles qu'elles sont ; mais ce qui les fait réellement belles,

Pour Hippias, c'est certainement le paraître qui définit le beau. Pour Socrate, il y a quelque chose derrière l'apparence qui lui donne l'aspect qu'elle a.

qu'elles le paraissent ou non, voilà **(294c)**, je le répète, ce qu'il faut essayer de définir ; c'est là ce que nous cherchons, si nous cherchons le beau.

HIPPIAS : Mais la convenance, Socrate, produit par sa présence à la fois la réalité et l'apparence de la beauté.

SOCRATE : Il est donc impossible que les objets réellement beaux ne paraissent pas tels, du moment qu'ils ont en eux ce qui les fait paraître beaux ?

HIPPIAS : C'est impossible.

LE BEAU, LE BIEN, L'IGNORANCE ET LE MAL

SOCRATE : Alors admettrons-nous, Hippias, que tout ce qui est réellement beau en fait d'usages et d'occupations est toujours tenu pour beau et paraît tel à tout le monde, ou, tout au contraire, qu'on en ignore la beauté et qu'il n'y a rien qui provoque plus de querelles et de luttes dans la vie privée chez les particuliers et dans la vie publique au sein des États ? **(294d)**

HIPPIAS : C'est plutôt la seconde alternative qui est vraie, Socrate, celle de l'ignorance.

SOCRATE : Cela ne serait pas, si l'apparence s'ajoutait à la réalité. Or elle s'y ajouterait, si la convenance était le beau et si elle ne communiquait pas seulement aux choses la réalité, mais encore l'apparence de la beauté. Si donc la convenance est ce qui fait que les choses sont belles, elle est peut-être le beau que nous cherchons **(294e)**, mais n'est pas ce qui les fait paraître belles. Si au contraire la convenance est ce qui les fait paraître belles, elle ne saurait être le beau que nous cherchons, puisque celui-ci fait que les choses sont belles. Quant à leur donner à la fois la réalité et l'apparence, la même cause ne saurait jamais le faire, ni pour le beau, ni pour toute autre chose. Nous avons à choisir entre les deux opinions : la convenance est-elle ce qui fait que les choses sont belles, ou ce qui fait qu'elles le paraissent ?

HIPPIAS : C'est ce qui fait qu'elles le paraissent, à mon avis, Socrate.

SOCRATE : Ah! Hippias, voilà la connaissance de ce qu'est le beau qui s'en va et nous échappe, puisque la convenance nous est apparue comme différente du beau.

HIPPIAS : C'est vrai, par Zeus, Socrate, et cela me paraît bien étrange. **(295a)**

SOCRATE : Quoi qu'il en soit, ami, ce n'est pas encore le moment de lâcher prise ; car j'ai toujours espoir de découvrir ce que peut être le beau.

HIPPIAS : Sois-en sûr, Socrate ; il n'est même pas difficile à trouver. Je suis certain, quant à moi, que je n'ai qu'à me retirer un moment dans la solitude et à y réfléchir à part moi pour te donner une définition plus exacte que toute exactitude possible.

UNE QUESTION EMBARRASSANTE

SOCRATE : Ah! Hippias, ne te vante pas. Tu vois que d'embarras le beau nous a déjà causés ; prends garde qu'il ne se fâche contre nous et ne s'enfuie de plus belle **(295b)**. Mais j'ai tort de parler ainsi ; car toi, je pense, tu n'auras pas de peine à le trouver quand tu seras seul. Seulement, au nom des dieux, trouve-le en ma présence et, si tu le veux bien, continue à le chercher avec moi. Si nous trouvons, tout sera pour le mieux ; sinon, je me résignerai à mon sort et toi, aussitôt parti, tu le trouveras aisément. J'ajoute que, si nous le trouvons maintenant, tu peux être tranquille, je ne t'importunerai pas en te demandant ce que c'est que tu as trouvé seul. Mais examine encore ce que je vais dire ; peut-être penseras-tu que c'est le beau. Je dis donc — mais examine bien et prête-moi toute ton attention, de peur que je ne dise une sottise — **(295c)** que nous devons tenir pour beau ce qui est utile. Et voici les réflexions qui m'ont conduit à cette définition. Nous appelons beaux yeux, non pas ceux qui nous semblent faits de telle sorte qu'ils sont incapables de voir, mais ceux qui en sont capables et qui nous sont utiles pour cette fin.

HIPPIAS : Oui.

SOCRATE : Ne disons-nous pas de même du corps entier qu'il est beau, soit pour la course, soit pour la lutte, et pareillement de tous les animaux, par exemple d'un cheval, d'un coq, d'une caille, et de tous les ustensiles, **(295d)** de tous les véhicules tant de terre que de mer, comme les vaisseaux de charge et les trières, et même de tous les instruments, soit de musique, soit des autres arts, et encore, si tu le veux, des occupations et des lois? Nous qualifions à peu près tous ces objets de beaux en vertu du même principe : nous considérons chacun d'eux dans sa nature, dans sa fabrication, dans son état, et celui qui est utile, nous l'appelons beau relativement à son utilité, au but pour lequel il est utile, au temps pendant lequel il est utile, et ce qui est inutile **(295e)** sous tous ces rapports, nous l'appelons laid. N'es-tu pas, toi aussi, de cet avis, Hippias?

HIPPIAS : Si.

SOCRATE : Dès lors, n'avons-nous pas le droit d'affirmer que l'utile est le beau par excellence?

HIPPIAS : Nous l'avons certainement, Socrate.

SOCRATE : Ce qui a la puissance de faire une chose n'est-il pas utile pour ce qu'il est capable de faire, et ce qui en est incapable, inutile?

HIPPIAS : Certainement.

SOCRATE : Alors la puissance est une belle chose et l'impuissance est laide?

HIPPIAS : Très certainement. Entre autres choses qui témoignent, Socrate, en faveur de notre opinion, nous avons la politique ; **(296a)** car il n'y a rien de plus beau que d'exercer la puissance politique dans son pays et rien de plus laid que d'y être sans autorité.

SOCRATE : C'est bien dit. Alors, au nom des dieux, Hippias, la science, par cette raison, est aussi la plus belle chose du monde, et l'ignorance la plus laide?

HIPPIAS : Mais sans doute, Socrate.

SOCRATE : Ne va pas si vite, cher ami ; car cette nouvelle assertion me cause des appréhensions.

Socrate réalise qu'il pense probablement comme Hippias. Il associe lui aussi le beau à l'apparence du beau.

HIPPIAS: Qu'est-ce que tu appréhendes encore, Socrate? Jusqu'ici ton raisonnement a marché merveilleusement. **(296b)**

SOCRATE: Je le voudrais; mais examine ceci avec moi: peut-on faire une chose qu'on ignore et dont on est absolument incapable?

HIPPIAS: Pas du tout, car comment faire ce dont on n'est pas capable?

SOCRATE: Alors ceux qui se trompent et se livrent à des actes et à des œuvres mauvaises involontairement, s'ils n'avaient pas été capables de le faire, ne l'auraient certainement jamais fait?

HIPPIAS: Évidemment. **(296c)**

SOCRATE: Cependant c'est par la puissance que sont capables ceux qui le sont, car ce n'est pas, n'est-ce pas, par l'impuissance?

HIPPIAS: Non, certes.

SOCRATE: On a donc toujours la puissance de faire ce qu'on fait?

HIPPIAS: Oui.

SOCRATE: Or tous les hommes, dès leur enfance, font beaucoup plus souvent le mal que le bien et commettent des fautes involontairement.

HIPPIAS: C'est vrai.

SOCRATE: Mais alors, cette puissance et ces choses utiles, si elles servent à faire le mal, dirons-nous qu'elles sont belles ou qu'il s'en faut de beaucoup? **(296d)**

HIPPIAS: Il s'en faut de beaucoup, Socrate, à mon avis.

SOCRATE: À ce compte, Hippias, nous ne pouvons admettre, ce me semble, que le puissant et l'utile soient le beau.

HIPPIAS: Pourquoi non, Socrate, s'ils sont puissants et utiles pour le bien?

SOCRATE: Adieu donc l'identité du beau avec le puissant et l'utile considérés absolument. Mais alors, Hippias, ce que nous avions dans l'esprit et que nous voulions dire, c'était que l'utile et le puissant appliqués à une bonne fin sont le beau. **(296e)**

HIPPIAS : Je le crois.

SOCRATE : Mais cela, c'est l'avantageux, n'est-ce pas?

HIPPIAS : Assurément.

SOCRATE : Ainsi donc et les beaux corps et les beaux usages, et la science et toutes les choses que nous avons citées tout à l'heure sont belles parce qu'elles sont avantageuses.

HIPPIAS : Évidemment.

SOCRATE : C'est donc l'avantageux, Hippias, que nous admettons comme étant le beau.

HIPPIAS : Sans aucun doute, Socrate.

SOCRATE : Mais l'avantageux est ce qui produit du bien.

HIPPIAS : En effet.

SOCRATE : Mais ce qui produit n'est pas autre chose que la cause, n'est-ce pas vrai?

HIPPIAS : Si.

SOCRATE : Dès lors le beau est la cause du bien. **(297a)**

HIPPIAS : En effet.

SOCRATE : Mais la cause, Hippias, et ce dont elle est la cause sont choses différentes ; car la cause ne saurait être cause de la cause. Examine la question de cette manière. N'avons-nous pas reconnu que la cause produit un effet?

HIPPIAS : Si fait.

SOCRATE : Ce qui produit ne produit pas autre chose que l'effet, il ne produit pas le producteur.

HIPPIAS : C'est exact.

SOCRATE : L'effet est donc une chose, et le producteur une autre.

HIPPIAS : Oui.

SOCRATE : Par conséquent la cause n'est point cause de la cause, mais de l'effet produit par elle. **(297b)**

HIPPIAS : C'est certain.

SOCRATE : Si donc le beau est la cause du bien, le bien est produit par le beau, et c'est pour cela, semble-t-il, que nous recherchons la sagesse et toutes les autres belles choses : c'est que l'œuvre qu'elles procréent et enfantent, le bien, mérite d'être recherché, et il semble, d'après ce que nous venons de constater, que le beau est quelque chose comme le père du bien.

HIPPIAS : C'est tout à fait cela, et tu as bien parlé, Socrate.

SOCRATE : Ne serait-ce pas aussi bien parler que d'affirmer que le père n'est pas le fils, ni le fils le père ? **(297c)**

HIPPIAS : Assurément si.

SOCRATE : Et que la cause n'est pas l'effet, ni l'effet la cause ?

HIPPIAS : C'est vrai.

SOCRATE : Dès lors, par Zeus, excellent Hippias, le beau n'est pas non plus le bon, et le bon n'est pas le beau ; ou crois-tu que cela puisse être, d'après ce que nous avons dit ?

HIPPIAS : Non, par Zeus, je ne le crois pas.

SOCRATE : Sommes-nous satisfaits de cette conclusion et disposés à dire que le beau n'est pas bon et que le bon n'est pas beau ?

HIPPIAS : Non, par Zeus, je n'en suis pas satisfait du tout.

SOCRATE : Par Zeus, tu as raison, Hippias, et moi-même, c'est ce qui me satisfait le moins dans ce que nous avons dit. **(297d)**

HIPPIAS : C'est aussi mon avis.

SOCRATE : Dès lors il semble bien, contrairement à ce qui nous paraissait juste tout à l'heure, que cette merveilleuse définition qui faisait consister le beau dans ce qui est avantageux et dans ce qui est utile et capable de produire quelque bien n'a rien de merveilleux et qu'elle est même encore, si c'est possible, plus ridicule que les précédentes, où nous pensions que le beau était une jeune fille et chacune des autres choses que nous avons énumérées.

HIPPIAS : Il y a toute apparence.

SOCRATE : Et moi, Hippias, je ne sais plus où me tourner, et je suis bien embarrassé. Mais toi, as-tu quelque chose à proposer ? **(297e)**

HIPPIAS : Pas pour le moment ; mais, comme je te le disais tout à l'heure, je suis sûr qu'en réfléchissant je trouverai.

Socrate tente une autre
définition : le beau
est associé aux plaisirs
sensibles. Mais Socrate
hésite. Il doute de
sa réponse. Il fait son
autocritique.

SOCRATE : Mais moi, je ne crois pas, tant je suis avide de savoir, que j'aie la patience de t'attendre. Aussi bien, je crois qu'il vient de me venir une bonne idée. Vois donc : si nous appelions beau ce qui nous cause du plaisir, non pas toute espèce de plaisirs, mais ceux qui nous viennent de l'ouïe et de la vue, comment pourrions-nous défendre cette opinion? **(298a)** Il est certain, Hippias, que les beaux hommes, que tous les dessins en couleur, les peintures, les sculptures charment nos regards, si elles sont belles, et que les beaux sons, la musique en général, les discours et les fables produisent le même effet, en sorte que si nous répondions à cet audacieux questionneur : « Le beau, mon brave, c'est le plaisir que procurent l'ouïe et la vue », ne crois-tu pas que nous rabattrions sa hardiesse?

HIPPIAS : En tout cas, Socrate, je crois que cette fois nous tenons une bonne définition du beau. **(298b)**

SOCRATE : Mais quoi! dirons-nous, Hippias, que les belles occupations et les lois sont belles parce que le plaisir qu'elles donnent vient par la vue ou par l'ouïe, ou que leur beauté est d'une autre espèce?

HIPPIAS : Peut-être, Socrate, cette différence échappera-t-elle à notre homme.

SOCRATE : Par le chien, Hippias, elle n'échappera pas à celui devant lequel je rougirais le plus de déraisonner et de faire semblant de dire quelque chose lorsque je ne dis rien qui vaille.

HIPPIAS : Quel est celui-là?

Sophronisque est
le père de Socrate.

SOCRATE : Socrate, fils de **Sophronisque**, qui ne me permettrait pas plus d'avancer de telles propositions **(298c)** sans les vérifier que de me donner pour savoir ce que je ne sais pas.

HIPPIAS : À vrai dire, moi aussi, après ce que tu as dit, je crois que le cas des lois est différent.

SOCRATE : Doucement, Hippias ; car il est à présumer que nous sommes tombés sur la question du beau dans le même embarras que tout à l'heure, quoique nous pensions avoir trouvé une autre solution.

HIPPIAS : Que veux-tu dire par là, Socrate ?

SOCRATE : Je vais t'expliquer l'idée qui m'apparaît : tu jugeras si elle a quelque valeur. **(298d)** Peut-être pourrait-on montrer que nos impressions relatives aux lois et aux coutumes ne sont point d'une autre sorte que les sensations qui nous viennent de l'ouïe et de la vue. Mais bornons-nous à soutenir cette thèse que le plaisir de ces sensations est le beau, sans y mêler ce qui regarde les lois. Mais si l'on nous demandait, soit l'homme dont je parle, soit tout autre : « Pourquoi donc, Hippias et Socrate, faites-vous une distinction entre le plaisir en général et le plaisir en particulier que vous appelez beau, et pourquoi prétendez-vous que les plaisirs des autres sensations, **(298e)** ceux du manger et du boire, ceux de l'amour et tous les autres du même genre, ne sont pas beaux ? Est-ce que ce ne sont pas des choses agréables et pouvez-vous soutenir que les sensations de cette espèce ne causent absolument aucun plaisir et qu'on n'en trouve que dans la vue et dans l'ouïe ? », que répondrions-nous, Hippias ?

HIPPIAS : Nous répondrions sans hésiter, Socrate, qu'on trouve aussi dans les autres sensations de très grands plaisirs.

SOCRATE : « Pourquoi donc, reprendra-t-il, alors que ces plaisirs ne sont pas moins des plaisirs que les autres, leur ôtez-vous le nom de beaux et les privez-vous de cette qualité ? **(299a)** — C'est que, dirons-nous, tout le monde se moquerait de nous, si nous disions que manger n'est pas agréable, mais beau, et qu'une odeur suave n'est pas chose agréable, mais belle. Quant aux plaisirs de l'amour, tout le monde nous soutiendrait qu'ils sont très agréables, mais que, si on veut les goûter, il faut le faire de manière à n'être vu de personne, parce qu'ils sont très laids à voir. » Si nous lui disons cela, notre homme nous répondra peut-être,

Hippias : « Je m'aperçois bien moi-même que si, depuis un moment, vous rougissez de dire que ces plaisirs sont beaux, c'est qu'ils ne passent point pour tels dans l'esprit des hommes. **(299b)** Mais moi, je ne vous demandais pas ce que le vulgaire trouve beau, mais ce qu'est le beau. » Nous lui répondrons, je pense, suivant la définition que nous avons proposée, que nous appelons beau, nous, cette partie de l'agréable qui nous vient par la vue et par l'ouïe. Approuves-tu cette réponse, ou répondrons-nous autre chose, Hippias?

HIPPIAS : Étant donné ce qui a été dit, Socrate, on ne peut pas répondre autre chose.

SOCRATE : « C'est bien, répliquera-t-il. Si donc le plaisir qui vient de la vue et de l'ouïe est le beau, il est évident que les plaisirs qui ne viennent pas de cette source ne sauraient être beaux? » **(299c)** En conviendrons-nous?

HIPPIAS : Oui.

SOCRATE : « Maintenant, dira-t-il, le plaisir qui vient par la vue vient-il à la fois de la vue et de l'ouïe, et celui qui vient par l'ouïe vient-il à la fois par l'ouïe et par la vue? — Nullement, dirons-nous ; ce qui vient par l'une des deux ne saurait venir par les deux, car apparemment c'est là ce que tu veux savoir ; mais nous avons dit que chacun de ces deux plaisirs est beau pour sa part et qu'ils le sont tous les deux. » N'est-ce pas ainsi que nous répondrons?

HIPPIAS : C'est bien ainsi. **(299d)**

SOCRATE : « Mais, reprendra-t-il, un plaisir quelconque diffère-t-il d'un autre plaisir quelconque en tant que plaisir? Je ne demande pas si un plaisir est plus grand ou plus petit, s'il est plus ou moins agréable, mais s'il diffère juste en ce point que l'un est plaisir et l'autre non. » Il nous semble que non, n'est-ce pas?

HIPPIAS : C'est ce qui me semble en effet.

SOCRATE : « C'est donc, continuera-t-il, pour un autre motif que parce qu'ils sont des plaisirs que vous avez choisi ces deux-là parmi les autres ; vous voyez en eux quelque caractère qui les distingue des autres **(299e)** et c'est en considérant cette différence que vous les appelez beaux ; car, sans doute, ce n'est point parce qu'il vient de la vue que le plaisir de la vue est beau ; si c'était là la cause de sa beauté, l'autre, celui de l'ouïe, ne serait pas beau. Ce n'est donc pas parce qu'il vient de la vue qu'un plaisir est beau. » Dirons-nous qu'il a raison ?

HIPPIAS : **(300a)** Nous le dirons.

SOCRATE : Il en est de même du plaisir de l'ouïe : « Ce n'est pas parce qu'il vient de l'ouïe qu'il est beau ; car, à son tour, le plaisir de la vue ne serait pas beau ; ce n'est donc pas parce qu'il vient de l'ouïe qu'un plaisir est beau. » Reconnaîtrons-nous, Hippias, que l'homme qui tient ce raisonnement dit la vérité ?

HIPPIAS : Il dit la vérité.

SOCRATE : « Cependant, dira-t-il, ces deux sortes de plaisirs sont beaux, à ce que vous dites » ; car nous le disons, n'est-ce pas ?

HIPPIAS : Nous le disons.

SOCRATE : « Ils ont donc une même qualité qui fait qu'ils sont beaux, une qualité commune qui se rencontre à la fois dans tous les deux et dans chacun en particulier. Autrement ils ne seraient pas beaux tous les deux ensemble et chacun séparément. » **(300b)** Réponds-moi comme tu le ferais à lui.

HIPPIAS : Je réponds que j'approuve, moi aussi, ce que tu dis.

SOCRATE : Si donc ces plaisirs ont, pris ensemble, un caractère commun, et qu'ils ne l'aient pas, pris isolément, ce n'est point par ce caractère qu'ils sont beaux.

HIPPIAS : Comment pourrait-il se faire, Socrate, quand ni l'un ni l'autre n'est pourvu d'aucune propriété, que cette propriété absente dans chacun soit présente dans les deux ? **(300c)**

SOCRATE : Tu ne crois pas que ce soit possible ?

HIPPIAS : Il faudrait pour cela que je fusse bien ignorant de la nature de ces plaisirs et de la manière d'exprimer les objets qui nous occupent.

SOCRATE : Jolie réponse, Hippias. Mais moi, il me semble que je vois quelque chose de ce genre que tu déclares impossible ; mais peut-être que je ne vois rien.

HIPPIAS : Ce n'est pas peut-être, Socrate, mais c'est très certainement que tu vois mal.

SOCRATE : Cependant il se présente à mon esprit plusieurs choses de cette espèce ; mais je ne m'y fie pas, parce qu'elles ne se montrent pas à toi, **(300d)** qui as gagné par ta science plus d'argent qu'aucun homme de nos jours, mais à moi qui n'ai jamais gagné une obole. Et je me demande, mon ami, si tu ne te joues pas de moi et ne me trompes pas de gaieté de cœur, tant ces choses sont nombreuses et me frappent vivement les yeux.

ironie

HIPPIAS : Personne, Socrate, ne verra mieux que toi si je me joue de toi ou non ; tu n'as qu'à essayer de m'expliquer ces choses qui t'apparaissent ; on verra bien que tu parles pour ne rien dire. Car il est certain que tu ne trouveras jamais qu'une qualité que nous ne possédons pas, ni toi ni moi, nous la possédions à nous deux.

SOCRATE : Que dis-tu là, Hippias? Peut-être as-tu raison, **(300e)** mais je ne te comprends pas. Écoute-moi donc ; je vais t'expliquer ce que je veux dire. Il me paraît très possible que telle qualité que je n'ai jamais eue et que je n'ai point, ni toi non plus, nous la possédions à nous deux ; et que, par contre, telle autre qualité que nous possédons à nous deux, ne se trouve ni chez toi ni chez moi.

HIPPIAS : Voilà encore une réponse qui semble stupéfiante, Socrate, plus stupéfiante encore que celle que tu as faite tout à l'heure. Réfléchis : si nous sommes justes tous les deux, est-ce que nous ne le sommes pas l'un et l'autre? Ou si chacun de nous est injuste, ne le sommes-nous pas tous les deux? De même, si nous sommes en santé, chacun de nous ne l'est-il pas? Et si chacun de nous a quelque maladie, quelque blessure, quelque contusion ou quelque mal semblable, ne l'avons-nous pas aussi tous les deux? **(301a)** De même encore, si nous étions tous les deux d'or, ou d'argent, ou d'ivoire, ou, si tu aimes mieux, nobles, savants, honorés, vieux, jeunes ou doués de toute autre qualité humaine que tu voudras, ne serait-il pas absolument forcé que nous en fussions doués l'un et l'autre?

SOCRATE : Absolument. **(301b)**

HIPPIAS : Le fait est que toi, Socrate, tu ne considères pas les choses en leur ensemble, ni d'ailleurs ceux avec qui tu discutes d'habitude : vous détachez, vous découpez en morceaux le beau et tous les objets dont vous disputez et vous les heurtez pour en vérifier le son. C'est pour cela que vous ne voyez pas que les corps réels sont naturellement très grands et tout d'une pièce. Aujourd'hui encore tu es si aveugle que tu crois qu'il y a des qualités accidentelles ou essentielles qui appartiennent à une couple d'objets, sans appartenir à chacun d'eux, **(301c)** ou inversement à chacun d'eux, sans appartenir à la couple, tant vous manquez de raison, de réflexion, de bon sens et d'intelligence.

SOCRATE : Voilà notre portrait, Hippias. On n'est pas ce qu'on veut, dit un proverbe constamment cité, on est ce qu'on peut. Heureusement nous avons pour nous aider tes perpétuelles remontrances. Maintenant veux-tu que je te découvre mieux encore jusqu'où allait notre simplicité, avant d'avoir reçu de toi ces remontrances, en t'exposant nos idées sur le sujet qui nous occupe, ou dois-je me taire? **(301d)**

HIPPIAS : Je sais ce que tu vas dire, Socrate ; car je connais l'esprit de tous ceux qui se mêlent de disputer. Cependant, si cela te fait plaisir, parle.

SOCRATE : Mais oui, cela me fait plaisir. Nous autres, excellent Hippias, avant ce que tu viens de dire, nous étions assez stupides pour croire, en parlant de toi et de moi, que chacun de nous deux est un et que ce que nous sommes séparément, nous ne le sommes pas conjointement ; car, ensemble, nous ne sommes pas un, mais deux. Telle était notre sottise. Mais aujourd'hui, tu nous as remontré que, si ensemble nous sommes deux,

SKIP !

il faut que chacun de nous soit deux, **(301e)** et que, si chacun de nous est un, il est également nécessaire que, réunis, nous soyons un ; car il est impossible, en vertu de la doctrine tout d'une pièce qu'Hippias professe sur l'être, qu'il en soit autrement ; il faut que ce que les deux sont, chacun le soit aussi, et que ce que chacun est, les deux le soient également. Tu m'as convaincu, Hippias, et j'en demeure là. Cependant, Hippias, rafraîchis mon souvenir ; sommes-nous un, toi et moi, ou es-tu deux, et moi deux aussi ?

HIPPIAS : Qu'est-ce que tu dis, Socrate ?

SOCRATE : Je dis ce que je dis. Je n'ose pas parler clairement **(302a)** devant toi ; tu te fâches contre moi quand tu crois avoir bien parlé. Cependant dis-moi encore : chacun de nous n'est-il pas un et n'est-il pas dans sa nature d'être un ?

HIPPIAS : Si.

SOCRATE : Si chacun de nous est un, il est par là impair. Ne juges-tu pas que l'unité est impaire ?

HIPPIAS : Si.

SOCRATE : Et nous deux pris ensemble, sommes-nous impairs, alors que nous sommes deux ?

HIPPIAS : C'est impossible, Socrate. **(302b)**

SOCRATE : Alors, nous sommes un nombre pair, n'est-il pas vrai ?

HIPPIAS : Certainement.

SOCRATE : De ce que, à nous deux, nous formons un nombre pair, s'ensuit-il que chacun de nous soit pair ?

HIPPIAS : Non, certes.

SOCRATE : Il n'est donc pas de toute nécessité, comme tu le disais tout à l'heure, que chacun soit ce que sont tous les deux, ni que tous les deux soient ce qu'est chacun.

HIPPIAS : Dans des cas comme celui-ci, non, mais dans des cas comme ceux que j'ai mentionnés précédemment, oui.

SOCRATE : Il suffit, Hippias : on peut se contenter de ton aveu, puisqu'il apparaît qu'en certains cas il en est comme je dis, bien qu'il en soit différemment dans

Il se contredit.

d'autres cas. Je disais en effet, si tu te souviens d'où la discussion est partie, que le plaisir de la vue et celui de l'ouïe ne sont pas beaux grâce à une qualité qui serait propre à chacun d'eux, mais non aux deux, ou propre aux deux, mais non à chacun d'eux, **(302c)** mais grâce à une qualité propre aux deux à la fois et à chacun séparément, puisque tu convenais qu'ils étaient beaux pris conjointement et pris séparément. En conséquence, je pensais que s'ils sont beaux tous les deux, ils ne peuvent l'être que par une essence inhérente à tous les deux, et non par une essence qui manquerait à l'un d'eux, et je le pense encore à présent. Réponds-moi donc encore une fois : si le plaisir de la vue et celui de l'ouïe sont beaux tous les deux à la fois et séparément, **(302d)** ce qui les rend beaux n'est-il pas inhérent aux deux réunis et à chacun isolément ?

HIPPIAS : Certainement.

SOCRATE : Est-ce parce que chacun d'eux et tous les deux sont des plaisirs, est-ce pour cela qu'ils sont beaux ? Est-ce que, si c'était pour cela, tous les autres plaisirs ne seraient pas tout aussi beaux que ces deux-là, puisque nous avons reconnu, tu t'en souviens, qu'ils n'en sont pas moins des plaisirs que les deux autres ?

HIPPIAS : Oui, je m'en souviens.

SOCRATE : Mais c'est parce qu'ils viennent de la vue et de l'ouïe, c'est pour cette raison que nous avons dit qu'ils étaient beaux. **(302e)**

HIPPIAS : C'est bien ce que nous avons dit.

SOCRATE : Vois si je dis vrai. Nous avons dit, autant que je me rappelle, que le beau, c'est le plaisir, non pas toute espèce de plaisir, mais celui qui vient de la vue et de l'ouïe.

HIPPIAS : C'est exact.

SOCRATE : Mais cette beauté qui vient de la vue et de l'ouïe appartient aux deux, **et** non à chacun séparément ; car chacun d'eux, comme il a été dit précédemment, n'est pas produit par les deux sens réunis ; mais les deux plaisirs **(303a)** pris ensemble sont produits par les deux sens pris ensemble, et non chacun d'eux à part ; n'est-ce pas vrai ?

HIPPIAS : C'est vrai.

SOCRATE : Ainsi ce n'est point par ce qui n'appartient pas à chacun que chacun d'eux est beau ; car le fait d'être deux n'appartient pas à chacun, de sorte qu'on peut dire, suivant notre hypothèse, que les deux eux-mêmes sont beaux, mais non que chacun d'eux l'est. Qu'en dirons-nous ? N'est-ce pas une conséquence nécessaire ?

HIPPIAS : Il le semble.

SOCRATE ET HIPPIAS CONSTATENT L'ÉCHEC : C'EST L'APORIE ?

SOCRATE : Dirons-nous donc que ces deux plaisirs pris conjointement sont beaux et que séparément ils ne le sont pas ?

HIPPIAS : Qui nous en empêche ?

SOCRATE : Voici, mon ami, ce qui, semble-t-il, nous en empêche, c'est que nous avons reconnu des qualités qui s'appliquent aux objets de telle façon que, si elles sont communes à deux objets, elles sont propres à chacun, et que, si elles sont propres à chacun, elles sont communes aux deux. Tels sont tous les exemples que tu as cités, n'est-ce pas ?

HIPPIAS : Oui.

SOCRATE : Mais pour les qualités que j'ai citées, moi, il n'en est pas de même, et parmi elles, il y avait aussi l'unité et la couple. Est-ce exact ?

HIPPIAS : Oui.

SOCRATE : Maintenant, Hippias, dans lequel des deux groupes ranges-tu la beauté ? **(303b)** Dans celui des choses dont tu as parlé quand tu as dit : Si je suis fort et toi aussi, nous le sommes tous les deux, et, si je suis juste et toi aussi, nous le sommes tous les deux, et, si nous le sommes tous les deux, chacun de nous l'est aussi, et de même, si je suis beau et toi aussi, nous le

sommes tous deux, et, si nous le sommes tous deux,
chacun de nous l'est également? Ou bien rien n'empêche-
t-il qu'il en soit de la beauté comme de certaines choses qui, prises conjointement, sont paires, et, séparément, peuvent être impaires ou paires, et aussi de
certaines quantités qui, prises séparément, sont irrationnelles, et, prises par couples, peuvent être tantôt
rationnelles, tantôt irrationnelles, et de mille autres
choses semblables qui, **(303c)** comme je l'ai dit, se pré-
sentaient à mon esprit? Dans quel groupe ranges-tu le
beau? Partages-tu mes vues sur ce point? Il me paraît à
moi tout à fait absurde de dire que nous sommes
beaux tous les deux et que chacun de nous ne l'est
pas, ou que chacun de nous est beau, mais que nous
ne le sommes pas tous les deux, ou toute autre chose
du même genre. Choisis-tu comme moi, ou es-tu pour
l'autre groupe?

HIPPIAS : Je choisis comme toi, Socrate.

SOCRATE : Et tu fais bien, Hippias ; cela nous épargne
une plus longue recherche. **(303d)** Si en effet le beau se
trouve dans le groupe que je dis, le plaisir de la vue et
de l'ouïe ne saurait plus être le beau ; car le fait de
venir de la vue et de l'ouïe rend beaux ces deux plaisirs ensemble, mais non chacun d'eux isolément. C'est
une chose impossible, comme nous en sommes
convenus, toi et moi, Hippias.

HIPPIAS : Nous en sommes convenus en effet.

SOCRATE : Il est donc impossible que le plaisir de la
vue et de l'ouïe soit le beau, puisque, s'il l'était, il en
résulterait une impossibilité.

HIPPIAS : C'est vrai.

SOCRATE : « Reprenez donc les choses dès le début,
dira notre homme, **(303e)** puisque votre définition est
manquée. Que prétendez-vous qu'est cette beauté qui
se rencontre dans ces deux plaisirs et qui vous les fait
nommer beaux préférablement aux autres? » Nous ne
pouvons, je crois, Hippias, répondre autre chose que
ceci, c'est que ces plaisirs sont les plus innocents et les

meilleurs de tous, soit qu'on les prenne ensemble ou chacun en particulier, ou connais-tu, toi, quelque autre caractère par où ils l'emportent sur les autres?

HIPPIAS: Non; ce sont effectivement les meilleurs.

SOCRATE: «C'est donc cela, dira-t-il, que vous prétendez être le beau, le plaisir avantageux?» Il y a apparence, lui répondrai-je; et toi?

HIPPIAS: Je répondrai comme toi.

SOCRATE: «Mais l'avantageux, reprendra-t-il, n'est-ce pas ce qui produit le bien? Or nous avons vu tout à l'heure que ce qui produit est différent **(304a)** de ce qui est produit, et notre argumentation nous ramène à notre première théorie. Le bien en effet ne peut être beau, ni le beau être bien, si chacun d'eux est chose différente.» C'est absolument juste, dirons-nous, si nous sommes sages; car il n'est pas permis de refuser son adhésion à quiconque dit la vérité.

HIPPIAS: Mais voyons, Socrate, que penses-tu de toute cette discussion? Ce sont là, je l'ai déjà dit, des raclures et des rognures de discours hachés en menus morceaux. Ce qui est beau et vraiment précieux, c'est d'être capable de produire un élégant et beau discours devant les juges, devant les sénateurs ou devant tous autres magistrats **(304b)** auxquels on a affaire, de les persuader et de se retirer en emportant, non pas les prix les plus mesquins, mais les plus considérables de tous, son propre salut, et celui de ses biens et de ses amis. C'est à cela qu'il faut t'attacher, et non à ces minuties auxquelles **tu** renonceras, si tu ne veux pas passer pour un nigaud, en traitant, comme tu le fais à présent, des bagatelles et des niaiseries.

SOCRATE: Ah! mon cher Hippias, tu es bienheureux de savoir à quelles occupations un homme doit se livrer et de les avoir pratiquées excellemment, comme tu le dis. **(304c)** Moi, au contraire, je suis, je crois, le jouet d'un mauvais sort qui me fait errer dans une perpétuelle incertitude, et, quand je vous découvre mon embarras à vous, les savants, je n'ai pas plus tôt fini de vous les exposer que je m'entends bafouer par vous. Vous me dites justement ce que toi-même viens de me dire, que je m'occupe de sottises, de minuties et de choses qui n'en valent pas la peine. Puis, lorsque, converti par vous, je dis comme vous qu'il n'y a rien de si avantageux au monde que de produire un beau discours bien composé et d'en tirer profit, dans un tribunal ou toute autre assemblée, je m'entends dire toutes sortes d'injures par certaines personnes de notre ville **(304d)** et en particulier par cet homme qui est toujours à me réfuter ; car c'est mon plus proche parent et il habite dans ma maison. Quand je rentre chez moi et qu'il m'entend parler de la sorte, il me demande si je n'ai pas honte d'oser discuter sur les belles occupations, alors que je suis si manifestement convaincu d'ignorance au sujet du beau que je ne sais même pas ce qu'est le beau en lui-même. « Cependant, ajoute-t-il, comment sauras-tu **(304e)** si quelqu'un a fait un beau discours ou non, ou une belle action quelconque, si tu ignores ce qu'est le beau, et, quand tu te vois dans cet état, crois-tu que la vie vaille mieux pour toi que la mort ? » Il m'est donc arrivé, je le répète, de recevoir des injures et des reproches en même temps de votre part et de la sienne. Mais peut-être est-il nécessaire que j'endure tout cela ; il n'y aurait rien de surprenant que j'en tirasse du profit. Il me semble du moins, Hippias, que j'ai tiré celui-ci de mon entretien avec vous deux, c'est de comprendre la portée du proverbe : « Les belles choses sont difficiles. »

ironie

BIBLIOGRAPHIE

LECTURES SUGGÉRÉES

BRISSON, LUC (2000). *Lecture de Platon*. Paris, Vrin.

COLLECTIF (2002). *Les philosophes et la science*. Paris, Folio, collection « Essai ».

CORBIN, ALAIN, JEAN-JACQUES COURTINE, GEORGES VIGARELLO, ANTOINE BAECQUE ET COLLECTIF (2006). *Histoire du corps, Les mutations du regard, Le XXᵉ siècle*. Paris, Seuil.

DE CRESCENZO, LUCIANO (1999). *Les grands philosophes de la Grèce Antique*. Paris, Livre de Poche, collection « Biblio Essai ».

ECO, UMBERTO (2004). *Histoire de la beauté*. Paris, Flammarion.

ECO, UMBERTO (2007). *Histoire de la laideur*. Paris, Flammarion.

GAARDER, JOSTEN (1995). *Le monde de Sophie*. Paris, Seuil.

GARDNER, MARTIN (1995). *Haha, ou l'éclair de compréhension mathématique*. Paris, Belin — Pour la science.

KUNZMANN, PETER, FRANZ-PETER BUKARD ET FRANZ WEIDMAN (1995). *Atlas de la Philosophie*, Paris, Livre de Poche, collection « La Pochothèque ».

LERCHER, ALAIN (1985). *Les mots de la philosophie*. Paris, Belin, collection « Le français retrouvé ».

NIETZSCHE, FRIEDRICH (2005, 3ᵉ éd.). *Introduction à l'étude des dialogues de Platon*, Paris, Édition de l'éclat.

ONFRAY, MICHEL (2006). *Les sagesses antiques*. Paris, Livre de Poche.

PICOTTE, JEAN-MARC (2002). *Les grands penseurs du monde occidental*. Montréal, Fides.

SITES INTERNET

Dictionnaire Imago Mundi
www.cosmovisions.com

Encephi, Collège du Vieux Montréal
www.cvm.qc.ca/encephi/

Encyclopaedia Universalis
www.universalis-edu.com
(Un abonnement est requis pour la version étendue. Cependant, plusieurs institutions académiques ont un abonnement à cette encyclopédie de première qualité.)

Encyclopédie de l'Agora
agora.qc.ca

Nouvelle Acropole
www.nouvelleacropole.org/philosophie/philosophie.asp

Philodido
mapage.noos.fr/mp2/philodido/

Platon et ses dialogues, par Bernard Suzanne
plato-dialogues.org/fr/plato.htm

REVUES

CANTO-SPERBER, MONIQUE (2005). « Platon et Aristote, frères ennemis? ». *Le Point*, hors série n° 3, juillet-août, p. 39.

CUMMINGS, EDWARD ESTLIN (2007). « Six inconférences ». *Le Magazine Littéraire*, hors série n° 12, p. 70.

MARINOPOULOS, SOPHIE (2007). « On pense autant avec sa peau qu'avec son cerveau », Entretien avec Pascal Senk. *Revue Psychologie*, avril, p.182.

PAQUOT, THIERRY (2007). « De la solitude à l'exclusion ». *Le Magazine littéraire*, hors série n° 12, p. 95.